DIREITO ADMINISTRATIVO

Dados Internacionais de Catalogação na Publicação (CIP)
(Câmara Brasileira do Livro, SP, Brasil)

Soares, Edson Hernandes
　　Direito administrativo / Edson Hernandes Soares; coordenação editorial: Gleibe Pretti. 1ª ed. – São Paulo: Ícone, 2012. – (Coleção para facilitar o direito).

　　Bibliografia.
　　ISBN 978-85-274-1185-1

　　1. Direito Administrativo. 2. Direito Administrativo – Brasil. I. Pretti, Gleibe. II. Título. III. Série.

11-07291　　　　　　　　　　　　　　　　　　　　CDU-35

Índices para catálogo sistemático:
1. Direito Administrativo　　　35

EDSON HERNANDES SOARES

DIREITO ADMINISTRATIVO

COLEÇÃO PARA FACILITAR O DIREITO

COORDENAÇÃO EDITORIAL: GLEIBE PRETTI

1ª EDIÇÃO | BRASIL – 2012

© Copyright 2012
Ícone Editora Ltda.

COLEÇÃO PARA FACILITAR O DIREITO

Coordenação editorial
Gleibe Pretti

Design gráfico, capa e miolo
Richard Veiga

Revisão
Juliana Biggi
Saulo C. Rêgo Barros

Proibida a reprodução total ou parcial desta obra, de qualquer forma ou meio eletrônico, mecânico, inclusive por meio de processos xerográficos, sem permissão expressa do editor (Lei nº 9.610/98).

Todos os direitos reservados à:
ÍCONE EDITORA LTDA.
Rua Anhanguera, 56 – Barra Funda
CEP: 01135-000 – São Paulo/SP
Fone/Fax.: (11) 3392-7771
www.iconeeditora.com.br
iconevendas@iconeeditora.com.br

DEDICATÓRIA

Preliminarmente, dedico este trabalho a Deus, agradecendo as bênçãos e vitórias em minha vida.

Àqueles que tudo devo, meus pais Haroldo e Vani, pelo amor, carinho e incentivo a mim dispensados nos momentos difíceis da minha vida.

A Fernanda, minha esposa, eterna namorada, amiga e companheira, pelas infinitas horas de estudo furtadas ao seu lado.

À joia mais preciosa do mundo, minha filha Giovanna.

Por fim, aos meus alunos, fontes de minha inspiração e dedicação.

APRESENTAÇÃO

Edson Hernandes Soares é advogado atuante em São Paulo.

Pós-graduado em Direito Administrativo e Didática do Ensino Superior na Universidade Presbiteriana Mackenzie.

Exerceu diversos cargos na Administração Pública Municipal, como assessor jurídico, diretor de licitações, chefe de suprimentos, cumulando com a função de Pregoeiro e Presidente de Comissões de Licitações.

Leciona Direito Administrativo em cursos preparatórios para concursos e exame da OAB em São Paulo.

SUMÁRIO

PARTE 1.
DIREITO ADMINISTRATIVO – ORIGEM, OBJETO, CONCEITO, FONTES E REGIME JURÍDICO, 17

1.1. Origem do Direito Administrativo, 17
1.2. Objeto do Direito Administrativo, 18
1.3. Conceito de Direito Administrativo, 19
1.4. O Direito Administrativo como ramo do Direito Público, 21
1.5. Fontes do Direito Administrativo, 22
1.6. Regime Jurídico Administrativo, 23

PARTE 2.
ORGANIZAÇÃO DA ADMINISTRAÇÃO PÚBLICA, 25

2.1. Entidades Políticas e Entidades Administrativas, 25
2.2. Noções de Centralização, Desconcentração e Descentralização, 26

- 2.2.1. Centralização Administrativa, 26
- 2.2.2. Desconcentração Administrativa, 26
- 2.2.3. Descentralização Administrativa, 27
- 2.3. **Conceito de Administração Pública, 28**
- 2.4. **Administração Pública Direta e Indireta, 28**
  - 2.4.1. **Autarquia, 29**
    - 2.4.1.1. Regime Jurídico das Autarquias, 30
      - 2.4.1.1.1. Privilégios das Autarquias, 30
      - 2.4.1.1.2. Restrições das Autarquias, 31
    - 2.4.1.2. Criação das Autarquias, 31
    - 2.4.1.3. Patrimônio das Autarquias, 31
    - 2.4.1.4. Capacidade de Autoadministração das Autarquias, 32
    - 2.4.1.5. Atividades das Autarquias, 32
    - 2.4.1.6. Regime de Pessoal das Autarquias, 32
    - 2.4.1.7. Responsabilidade Civil das Autarquias, 33
    - 2.4.1.8. Insubordinação ao ente instituidor e o controle finalístico, 33
    - 2.4.1.9. Autarquias em regime especial, 33
  - 2.4.2. **Fundações Públicas, 34**
    - 2.4.2.1. Fundação de Direito Privado, 35
    - 2.4.2.2. Fundação de Direito Público, 37
  - 2.4.3. **Empresas Estatais, 38**
    - 2.4.3.1. Empresa Pública, 38
    - 2.4.3.2. Sociedade de Economia Mista, 39
    - 2.4.3.3. Aspectos comum entre a Empresa Pública e a Sociedade de Economia Mista, 39
    - 2.4.3.4. Aspectos divergentes entre a Empresa Pública e a Sociedade de Economia Mista, 40
  - 2.4.4. **Agências, 41**
    - 2.4.4.1. Agência Executiva, 41
    - 2.4.4.2. Agência Reguladora, 42
  - 2.4.5. **Entidades Paraestatais (Terceiro Setor), 43**
    - 2.4.5.1. Organizações Sociais, 44

2.4.5.2. Organizações da Sociedade Civil de Interesse Público, 45
2.4.5.3. Serviços Sociais Autônomos, 45

PARTE 3.
PRINCÍPIOS, 46

3.1. Princípio da Legalidade, 47
3.2. Princípio da Impessoalidade, 48
3.3. Princípio da Moralidade, 49
3.4. Princípio da Publicidade, 50
3.5. Princípio da Eficiência, 51
3.6. Princípio da Razoabilidade, 52
3.7. Princípio da Motivação, 53
3.8. Princípio da Supremacia do Interesse Público, 53
3.9. Princípio da Indisponibilidade do Interesse Público, 54
3.10. Princípio da Presunção de Legitimidade, 55
3.11. Princípio da Autotutela, 55
3.12. Princípio da Autoexecutoriedade, 56

PARTE 4.
PODERES ADMINISTRATIVOS, 57

4.1. Poder Vinculado, 58
4.2. Poder Discricionário, 59
4.3. Poder Hierárquico, 60
4.4. Normativo ou Regulamentar, 60
4.5. Poder Disciplinar, 61
4.6. Poder de Polícia, 61
    4.6.1. Limites do Poder de Polícia, 62
    4.6.2. Atributos do Poder de Polícia, 62
    4.6.3. Distinção entre Polícia Administrativa e Judiciária, 63

PARTE 5.
ATO ADMINISTRATIVO, 64

5.1. Requisitos do Ato Administrativo, 65
    5.1.1. Competência, 65
    5.1.2. Finalidade, 66
    5.1.3. Forma, 66
    5.1.4. Motivo, 66
    5.1.5. Objeto, 66

5.2. Atributos do Ato Administrativo, 67
    5.2.1. Presunção de Legitimidade, 67
    5.2.2. Autoexecutoriedade, 68
    5.2.3. Imperatividade, 68

5.3. Classificação dos Atos Administrativos, 68
    5.3.1. Quanto aos destinatários (atos gerais e atos individuais), 69
    5.3.2. Quanto ao seu alcance (atos internos e atos externos), 69
    5.3.3. Quanto ao seu objeto (atos de império, atos de gestão e atos de expediente), 69
    5.3.4. Quanto ao regramento (atos vinculados e atos discricionários), 70
    5.3.5. Quanto à formação (ato simples, ato composto e ato complexo), 71

5.4. Formas de extinção do Ato Administrativo, 71

PARTE 6.
LICITAÇÃO, 73

6.1. Princípios da licitação, 74
    6.1.1. Princípio da Legalidade, 74
    6.1.2. Princípio da Impessoalidade, 74
    6.1.3. Princípio do Julgamento Objetivo, 75
    6.1.4. Princípio da Moralidade e Probidade Administrativa, 75
    6.1.5. Princípio da Igualdade, 75

6.1.6. Princípio da Publicidade, 75
6.1.7. Princípio da Vinculação ao Instrumento Convocatório, 75
6.1.8. Princípio da Adjudicação Compulsória, 75
6.2. O que deve ser licitado e quem deve licitar, 76
6.3. Modalidades de licitação, 76
    6.3.1. Concorrência, 76
    6.3.2. Tomada de Preços, 77
    6.3.3. Convite, 77
    6.3.4. Concurso, 78
    6.3.5. Leilão, 78
    6.3.6. Pregão, 78
6.4. Tipos de licitação, 80
6.5. Fases da licitação, 80
    6.5.1. Fase Interna, 80
    6.5.2. Fase Externa, 81
        6.5.2.1. Publicação, Impugnação e Representação do edital, 81
        6.5.2.2. Habilitação, Classificação e Recursos Administrativos, 81
        6.5.2.3. Homologação e adjudicação da licitação, 83
        6.5.2.4. Anulação e revogação da licitação, 83
6.6. O procedimento da licitação na modalidade de pregão, 83
6.7. Excludentes da licitação, 84
    6.7.1. Licitação dispensada, 84
    6.7.2. Licitação dispensável, 90
    6.7.3. Inexigibilidade de licitação, 97

PARTE 7.
CONTRATO ADMINISTRATIVO, 98

7.1. Características do Contrato Administrativo, 98
7.2. Cláusulas Exorbitantes, 99
    7.2.1. Alteração Unilateral, 100

7.2.2. Rescisão Unilateral, 100
7.2.3. Equilíbrio Econômico e Financeiro, 101
7.2.4. Não alegação da exceção do contrato não cumprido, 101
7.2.5. Reajuste de preços ou tarifas, 102
7.2.6. Controle do contrato, 102
7.2.7. Aplicação de penalidades contratuais, 103
7.3. Cláusulas obrigatórias, 104
7.4. Aspectos formais do contrato, 104
7.5. Inexecução sem culpa (Teoria da Imprevisão), 106
    7.5.1. Força Maior, 106
    7.5.2. Caso Fortuito, 106
    7.5.3. Fato da Administração, 106
    7.5.4. Fato do Príncipe, 107
    7.5.5. Interferências Imprevistas, 107
7.6. Formas de extinção do contrato, 107

PARTE 8.
SERVIÇO PÚBLICO, 109

8.1. Requisitos do serviço público, 110
8.2. Classificação dos serviços públicos, 111
    8.2.1. Quanto à essencialidade, 111
    8.2.2. Quanto à finalidade, 111
    8.2.3. Quanto aos seus destinatários, 112
    8.2.4. Quanto à natureza, 113
8.3. Formas de prestação do serviço público, 113
    8.3.1. Permissão, 113
    8.3.2. Concessão de serviço público, 114

PARTE 9.
PARCERIA PÚBLICO-PRIVADA, 116

PARTE 10.
RESPONSABILIDADE CIVIL DO ESTADO, 122

10.1. Teorias da Responsabilidade, 123
10.2. A ação regressiva, 124
10.3. Excludentes da responsabilidade civil do Estado, 125

PARTE 11.
INTERVENÇÃO DO ESTADO NA PROPRIEDADE PRIVADA, 127

11.1. Desapropriação, 127
    11.1.1. Conceito, 128
    11.1.2. Exceções quanto ao valor da indenização, 128
    11.1.3. Declaração expropriatória, 129
    11.1.4. Processo expropriatório, 131
    11.1.5. Imissão na posse, 131
    11.1.6. Desvio de finalidade, 132
    11.1.7. Ação de Retrocessão, 133
11.2. Servidão administrativa, 133
11.3. Requisição administrativa, 134
11.4. Ocupação temporária, 134
11.5. Limitação administrativa, 134
11.6. Tombamento, 134

PARTE 12.
BEM PÚBLICO, 136

12.1. Classificação, 137
    12.1.1. Bens de uso comum do povo ou do domínio público, 137
    12.1.2. Bens de uso especial ou do patrimônio administrativo, 137

12.1.3. Bens dominiais ou do patrimônio disponível ou bens do patrimônio fiscal, 137
12.2. **Atributos ou caracteres dos bens públicos, 138**
    12.2.1. Imprescritibilidade, 138
    12.2.2. Impenhorabilidade, 138
    12.2.3. Não oneração, 139
12.3. **Utilização do Bem Público, 139**
    12.3.1. Autorização de uso, 139
    12.3.2. Permissão de uso, 139
    12.3.3. Concessão de uso, 140

PARTE 13.
AGENTE PÚBLICO, 141

13.1. **Classificação, 141**
    13.1.1. Agentes políticos, 141
    13.1.2. Agentes administrativos, 142
    13.1.3. Agentes honoríficos, 142
    13.1.4. Agentes delegados, 142
13.2. **Cargo público, 143**
13.3. **Acessibilidade aos cargos públicos, 143**
13.4. **Vencimentos, 144**
13.5. **Acumulação de cargos, empregos e funções públicas, 146**
13.6. **Estabilidade, 146**
13.7. **Reintegração, 147**
13.8. **Desinvestidura, 148**
13.9. **Aposentadoria, 148**

BIBLIOGRAFIA, 150

1 | DIREITO ADMINISTRATIVO – ORIGEM, OBJETO, CONCEITO, FONTES E REGIME JURÍDICO

1.1 | ORIGEM DO DIREITO ADMINISTRATIVO

O Direito Administrativo nasceu em fins do século XVIII e início do século XIX, juntamente com o Direito Constitucional e outros ramos do direito público, a partir do desenvolvimento, já na fase do Estado Moderno, do conceito de Estado de Direito, estruturado pelo princípio da legalidade e pela teoria da separação dos poderes.

Em razão disso, muitos afirmam que o Direito Administrativo nasceu das revoluções que extinguiram com o antigo regime absolutismo oriundo da Idade Média. Alguns ainda afirmam que o Direito Administrativo é produto exclusivo da situação gerada pela Revolução Francesa, apenas existindo nos países que adotaram os princípios por ela defendidos.

Anteriormente ao Estado Moderno, ou seja, à época das monarquias absolutas, tínhamos o cenário de que todo o poder estava concentrado nas mãos do soberano. A sua vontade era a lei que todos os servos ou vassalos (aqueles que se submetem à vontade de outrem) deveriam obedecer. Os atos do rei estavam acima de qualquer ordenamento jurídico, não podendo ser submetido a qualquer Tribunal. Afinal, *the King can do no wrong* – o Rei não erra. Com sustentáculo nessa ideologia é que surgiu a teoria da irresponsabilidade do Estado.

No entanto, ainda que existissem normas esparsas sobre a administração pública e o funcionamento de seus órgãos, era impossível na Idade Média se falar em direito administrativo como ramo autônomo do direito, dado ao ambiente pouco propício para o seu desenvolvimento.

De tudo isso, não se pode concluir a tese de que o direito administrativo só existe em países que adotaram os ideais revolucionários do século XVIII. Na realidade, o que acontece, em verdade, é uma variação do conteúdo do direito administrativo, em razão da tipologia estatal adotada. Além do que cada país possui uma história diferente, no que diz respeito à estruturação do poder. Logo cada um terá um direito administrativo mais ou menos abrangente, conforme a participação do Estado nas diversas relações jurídicas.

1.2 | OBJETO DO DIREITO ADMINISTRATIVO

Atualmente, o Direito Administrativo, através de sua concepção moderna, tem alcançado seu âmbito de atuação cada vez mais amplo, uma vez que rege todas as funções exercidas pelas autoridades administrativas, qualquer que seja a natureza destas.

O Direito Administrativo, notadamente no que diz respeito às atividades administrativas, abrange todas estas atividades oriundas do Poder Executivo, Legislativo e Judiciário.

Embora a atividade administrativa seja função típica do Poder Executivo, o Legislativo e o Judiciário também praticam atos que, pela sua natureza, são tidos como objeto do Direito Administrativo.

Nesse passo, quando os órgãos dos Poderes Legislativo e do Judiciário estão no exercício de suas funções atípicas, ou seja, atuando como administradores de seus bens, pessoal e serviços, estão praticando atos sujeitos ao regramento do Direito Administrativo.

Em outro giro, sempre que houver, em qualquer âmbito dos Poderes (Executivo, Legislativo ou Judiciário), a nomeação de um servidor, a aplicação de uma penalidade disciplinar, a realização de uma licitação e até mesmo um remanejamento de pessoal serão sempre atividades abrangidas pelo Direito Administrativo.

1.3 | CONCEITO DE DIREITO ADMINISTRATIVO

Preliminarmente, antes de conceituarmos o Direito Administrativo, importante se faz informar que diversos são os entendimentos acerca do conceito de Direito Administrativo.

Não é o caso aqui de trazermos à baila critérios e conceitos, de modo a estabelecermos uma exaustiva discussão. Assim, nos limitaremos apenas a examinar o conceito doutrinado por Hely Lopes Meirelles. Para o autor, Direito Administrativo:

> *[...] é o conjunto harmônico de princípios jurídicos que regem os órgãos, os agentes e as*

atividades públicas, tendentes a realizar concreta, direta e imediatamente os fins desejados pelo Estado.

Passemos agora à análise de cada um dos elementos desse conceito:

a) **Conjunto harmônico de princípios jurídicos** – Sendo o direito uma ciência, significa que o direito administrativo é a sistematização das normas de Direito possuindo princípios teóricos próprios.
b) **Que regem os órgãos e os agentes** – Pois o Direito Administrativo ordena a estrutura organizacional administrativa e os servidores dos serviços públicos.
c) **E as atividades públicas** – São os atos praticados pela Administração Pública, agindo nessa qualidade. Se atuar, como excepcionalmente atua, em igualdade de condições ao particular, se sujeita às normas do Direito Privado.
d) **Tendentes a realizar concreta, direta e imediatamente os fins desejados pelo Estado** – A realização *concreta* afasta do campo de atuação dessa espécie de direito a atividade estatal abstrata, que é a legislativa. A realização *direta* difere da atividade indireta que é a judicial. A realização *imediata* difere da atividade mediata que é a ação social do Estado. Já a expressão "fins desejados pelo Estado" está a indicar que ao Direito Administrativo não compete dizer quais são os fins do Estado. Tal tarefa é atribuída ao Direito Constitucional, pois a este cabe organizar o Estado, declarando os fins por ele visados, instituindo os Poderes e órgãos necessários à sua consecução. O Direito Administrativo apenas disciplina as atividades e os órgãos estatais para o eficiente funcionamento da Administração Pública.

O Direito Administrativo cuida do aspecto dinâmico, funcional do Estado, de sua fisiologia, enquanto o Direito Constitucional cuida de sua parte estrutural, estática, anatômica.

O Estado, para atender aos seus fins, atua em 3 (três) sentidos: administrativo, legislativo e jurisdicional. Em qualquer deles o Direito Administrativo orienta a organização e funcionamento dos seus serviços, a administração de seus bens, a regência de seu pessoal e a formalização de seus atos de administração. O Direito Administrativo só se afasta do funcionamento do Estado quando em presença das atividades especificamente legislativas e judiciais.

O Direito Administrativo rege toda e qualquer atividade da administração, provenha ela do Executivo, do Legislativo ou do Judiciário. Isso ocorre porque um ato administrativo não deixa de ser administrativo quando é praticado no âmbito do Poder Legislativo ou do Poder Judiciário, desde que seus órgãos estejam atuando como administradores de seus serviços, de seus bens ou de seu pessoal.

1.4 | O DIREITO ADMINISTRATIVO COMO RAMO DO DIREITO PÚBLICO

O Direito Administrativo é classificado pacificamente pela doutrina como um ramo do direito público interno, neste fazendo parte também outros ramos como o Direito Constitucional, o Direito Tributário, o Direito Penal, o Direito Processual Civil, o Direito Processual Penal e, recentemente, o Direito Ambiental, Urbanístico e o Eleitoral. Contudo, em relação ao ramo de direito privado, temos o Direito Civil, o Direito Comercial e o Direito do Trabalho.

1.5 | FONTES DO DIREITO ADMINISTRATIVO

Quatro são as fontes do Direito Administrativo:
- A lei;
- A doutrina;
- A jurisprudência;
- Os costumes.

- **Lei** – É a fonte primária do Direito Administrativo abrangendo todos os atos normativos resultantes do poder legiferante e do poder normativo: a Constituição, as leis ordinárias, delegadas e complementares, decreto legislativo, resolução do Senado, decreto regulamentar, instrução ministerial, regulamento, regimento, circular, portaria, ordem de serviço.
- **Doutrina** – É resultante dos estudos levados a efeito pelos especialistas do Direito, que analisam o sistema normativo segundo princípios de sistematização e organização, sendo que nessa atuação vão resolvendo aparentes contradições e formulando definições e classificações, num inequívoco papel construtor do Direito.
- **Jurisprudência** – A jurisprudência é o conjunto de decisões reiteradas e uniformes, proferidas pelos órgãos jurisdicionais ou administrativos em casos idênticos ou semelhantes, submetidos a sua apreciação. A Jurisprudência tem um caráter mais prático e mais objetivo que a doutrina e a lei, mas nem por isso deixa de lado os princípios teóricos que, por sua persistência nos julgados, acabam por penetrar e integrar o próprio Direito, atuando seja na criação da norma jurídica, por influência sobre o legislador e a doutrina, seja em sua interpretação. A jurisprudência é resultante do exercício da atividade jurisdicional que, ante a reiteração de decisões em um mesmo sentido, passa a construir norma aplicável a hipóteses similares.

▸ **Costume** – É a norma jurídica não escrita, originada da reiteração de uma certa conduta por determinado grupo de pessoas, durante certo tempo ("*usus*" – elemento objetivo), com a consciência de sua obrigatoriedade ("*opinio juris vel necessitatis*" – elemento psicológico). Discute-se se o costume é fonte do Direito Administrativo. Muitos juristas negam, baseados sobretudo na relativa "juventude" deste ramo do direito. Outros o admitem como fonte, mas secundária, de influência limitada. Porém, desde que não contrário à lei e à moral, pode constituir-se como fonte do direito.

1.6 | REGIME JURÍDICO ADMINISTRATIVO

Como se sabe, a finalidade de todo e qualquer ato administrativo é o interesse público e, para percorrer este interesse, a Administração goza de um regime jurídico próprio, qual seja: o Regime Jurídico Administrativo.

Sendo assim, para que a Administração Pública atinja o interesse coletivo da maneira mais eficiente possível, confere-lhe o Regime Jurídico Administrativo uma série de prerrogativas, bem como lhe impõe algumas sujeições.

Desta feita, podemos conceituar o Regime Jurídico Administrativo como sendo um conjunto de características de Direito Administrativo que coloca a Administração Pública em uma posição de supremacia em face dos particulares, em razão de seus privilégios (prerrogativas), porém, respeitadas algumas restrições (sujeições).

Podemos dizer que as prerrogativas correspondem a vantagens atribuídas ao Poder Público para que melhor atenda ao interesse da coletividade. Tais privilégios não são conferidos de forma gratuita, mas sim porque atua em face do interesse maior, qual seja, o interesse público.

Como muito bem observa o ilustríssimo professor Celso Antônio Bandeira de Mello:

> *[...] as prerrogativas inerentes à supremacia do interesse público sobre o interesse privado só podem ser manejadas legitimamente para o alcance de interesses públicos; não para satisfazer apenas interesses ou conveniências tão só do aparelho estatal, e muito menos dos agentes governamentais.*

Existem várias prerrogativas que goza a Administração; porém, nosso objetivo não é citar todas, mas sim algumas, como, por exemplo: prazos em quádruplo para contestar ações, prazos em dobro para recorrer, cláusulas exorbitantes nos contratos administrativos, a autoexecutoriedade de seus atos, a presunção de legitimidade deles, a desapropriação, dentre outras.

De outro lado, e também em nome do interesse público, a Administração Pública se sujeita a certas obrigações. Estas obrigações referem-se a proteções dos administrados que não podem ficar totalmente desprovidos frente aos privilégios do Poder Público.

A título exemplar podemos citar como sujeição (restrição) da Administração a motivação de todos os seus atos administrativos, a obrigatoriedade de um procedimento licitatório para as suas aquisições e contratações, excetuando-se os casos de licitação dispensada, dispensável e inexigível e a obrigatoriedade de realização do concurso público de provas e de provas e títulos para a contratação dos seus agentes públicos, com exceção aos cargos comissionados e emergenciais que são dispensados por lei.

2 | ORGANIZAÇÃO DA ADMINISTRAÇÃO PÚBLICA

2.1 | ENTIDADES POLÍTICAS E ENTIDADES ADMINISTRATIVAS

Entidades políticas são pessoas jurídicas de direito público interno, possuidoras de poderes políticos e administrativos que recebem suas atribuições da própria Constituição Federal, exercendo-as com plena autonomia. A competência para legislar é característica de sua autonomia política. São entidades políticas: a União, os Estados, o Distrito Federal e os Municípios.

Entidades administrativas são pessoas jurídicas de direito público ou privadas não possuidoras de poderes políticos, porém detentoras de autonomia administrativa. Por sua vez, não legislam, mas apenas exercem sua competência estabelecida na lei que as instituiu ou autorizou sua instituição, e no seu regulamento. São entidades administrativas: as Autarquias, as Fundações Públicas, as Empresas Públicas e as Sociedades de Economia Mista. Vale ressaltar que as Organizações Sociais e as Organizações da Sociedade Civil de Interesse Público são pessoas jurídicas não integrantes da Administração Pública, e são conhecidas como Entidades Paraestatais que integram o chamado Terceiro Setor, que será objeto de estudo no decorrer do presente petitório.

2.2 | NOÇÕES DE CENTRALIZAÇÃO, DESCONCENTRAÇÃO E DESCENTRALIZAÇÃO

O Estado realiza a função administrativa por meio de seus órgãos, pessoas jurídicas e agentes. No desempenho de suas funções e atribuições o estado adota duas formas básicas de organização e atuação administrativas, qual seja: centralização e descentralização.

2.2.1 | Centralização Administrativa

A centralização administrativa ocorre quando o Estado executa diretamente suas tarefas por meio dos Órgãos e agentes integrantes da Administração Direta. Nesse caso, os serviços são prestados diretamente pelos órgãos do Estado, despersonalizados, integrantes de uma mesma pessoa política.

2.2.2 | Desconcentração Administrativa

Para Hely Lopes Meirelles, desconcentração administrativa é a *"repartição de funções entre os vários órgãos [despersonalizados] de uma mesma Administração, sem quebra de hierarquia"*. Em outras palavras, desconcentração é a distribuição de competências de órgãos situados nas partes superiores da pirâmide administrativa para escalões subalternos. O que caracteriza a desconcentração é o fato de que ela não erige pessoas jurídicas, não ocasionando nenhum fenômeno de grande relevância jurídica, mas tão somente a passagem de competências de um órgão para outro.

Em outro giro, ocorre a desconcentração administrativa quando a entidade da Administração, encarregada de executar um ou mais serviços, distribui competências em sua própria estrutura com a finalidade de celerizar e agilizar a prestação dos serviços.

Por derradeiro, a desconcentração sempre se opera no âmbito interno de uma mesma pessoa jurídica, constituindo uma simples distribuição interna de competências dessa pessoa.

2.2.3 | Descentralização Administrativa

Para Lucia Valle Figueiredo:

> *Há descentralização administrativa quando, por lei, determinadas competências são transferidas a outras pessoas jurídicas, destacadas do centro, que podem ser estruturadas à maneira do Direito Público (autarquias e fundações de Direito Público), ou estruturadas sob a forma do Direito Privado (empresas públicas e sociedades de economia mista), sem embargo de não se submeterem inteiramente a esse regime jurídico.*

Nesse passo, a descentralização administrativa pressupõe a existência de uma pessoa distinta do Estado, que, incumbida dos necessários poderes de administração, realiza atividade pública. O descentralizado realiza o serviço ou atividade sempre em nome próprio. Enquanto a descentralização é a execução da atividade ou prestação de forma indireta e mediata, a desconcentração é o inverso, ou seja, direta e imediata.

Segundo a doutrina, existem duas formas de descentralização administrativa: **outorga e delegação**.

A **outorga** ocorre quando o Estado cria uma entidade e transfere por meio de lei determinado serviço público, geralmente por prazo indeterminado. A **delegação** ocorre quando o Estado transfere por contrato ou ato unilateral apenas a execução do serviço para que o ente delegado execute em seu próprio nome e por sua conta e risco, normalmente por prazo determinado.

2.3 | CONCEITO DE ADMINISTRAÇÃO PÚBLICA

Como todo e qualquer conceito, a definição de Administração Pública pode ser vista pelos mais diversos prismas. Em sentido formal, é concebida como o conjunto de órgãos constituídos para a realização dos objetivos de Governo.

Em um sentido amplo, a Administração Pública pode ser conceituada como o conjunto de entidades e órgãos que tem por escopo a realização da atividade administrativa com o fim de atingir o interesse público.

2.4 | ADMINISTRAÇÃO PÚBLICA DIRETA E INDIRETA

O Decreto-Lei nº 200/67 dispõe sobre a organização da Administração Federal e divide a Administração Pública em direta e indireta.

A Administração Pública Direta é o conjunto de órgão que integram as pessoas políticas do Estado aos quais foi atribuída a competência para o exercício de atividades administrativas de forma centralizada. São entes da Administração direta a União, Estados, Distrito Federal e Municípios.

A Administração Indireta é o conjunto de pessoas administrativas vinculadas à Administração Direta, com competência para o exercício de atividades administrativas de forma descentralizada. São entes da Administração indireta as Autarquias, Fundações, Empresas Públicas e Sociedades de Economia Mista.

2.4.1 | Autarquia

Preliminarmente, vale registrar que existe um conceito legal de Autarquia previsto no art. 5º, I, do Decreto-Lei nº 200/67, a saber:

> ***Autarquia*** *– o serviço autônomo, criado por lei, com personalidade jurídica, patrimônio e receita próprios para executar atividades típicas da Administração Pública, que requeiram, para seu melhor funcionamento, gestão administrativa e financeira descentralizada.*

No mesmo sentido, Maria Sylvia Zanella Di Pietro conceitua a Autarquia como uma pessoa jurídica de direito público, criada por lei, com capacidade de autoadministração, para o desempenho de serviço público descentralizado, mediante controle administrativo exercido nos limites da lei.

Vale ressaltar que as Autarquias integram a Administração Pública Indireta resultando-se em uma forma de descentralização administrativa, pois retira da Administração Direta centralizada um dado serviço para executá-lo. Por consequência lógica podemos entender que as Autarquias somente executam serviços típicos do Estado, não podendo exercer atividades econômicas ou industriais.

2.4.1.1 | Regime Jurídico das Autarquias

O regime jurídico no qual se submete as Autarquias é o regime jurídico administrativo já abordado anteriormente, para tanto examinaremos as consequências do referido regime no que diz respeito aos privilégios e restrições.

2.4.1.1.1 | Privilégios das Autarquias

Considerando a sua personalidade jurídica de direito público, praticamente todas as prerrogativas inerentes à Administração direta estão também presentes nas Autarquias, como, por exemplo:

a) O regime de bens é de direito público, com todos os seus atributos: inalienabilidade, imprescritibilidade e impenhorabilidade;
b) Os seus atos são dotados dos mesmos atributos dos atos administrativos estatais, quais sejam: presunção de legitimidade, imperatividade e autoexecutoriedade;
c) No campo processual também possuem prazos em dobro para recorrer e prazos em quádruplo para contestar, além de foro privilegiado, remessa oficial obrigatória e pagamento de custas só ao final, se vencida;
d) As execuções, de igual forma que o ente político, também se submetem ao regime dos precatórios, em consonância com o art. 100 da Constituição Federal. A prescrição de seus débitos, tal qual a Fazenda Pública, é quinquenal, salvo se lei especial dispuser em contrário;
e) Nos termos do art. 37, § 6º da Constituição Federal, também possuem o direito à ação regressiva contra seus servidores culpados por danos a terceiros;
f) Ainda como privilégios, não estão sujeitas ao concurso de credores ou à habilitação de crédito em falência,

concordata ou inventário, para cobrança de seus créditos;

g) Com relação às imunidades tributárias previstas no art. 150, VI, "a", e seu § 2º da Constituição Federal, estas também se estendem às Autarquias.

2.4.1.1.2 | Restrições das Autarquias

Apesar dos privilégios, as Autarquias se sujeitam a algumas restrições, dentre as quais a instauração de processo licitatório para a realização de suas aquisições, contratação de obras e serviços, nos expressos termos do art. 37, XXI da Constituição Federal.

Outra restrição das Autarquias diz respeito à ampliação dos seus quadros de servidores, que também dependerá de concurso público de provas ou de provas e títulos, na forma que dispõe o inciso II do art. 37 da Carta Magna.

2.4.1.2 | Criação das Autarquias

As Autarquias somente podem ser criadas por meio de lei específica, conforme o disposto no art. 37, inciso XIX, da Constituição Federal, com a redação dada pela Emenda Constitucional nº 19/98. No âmbito federal, a lei de criação das Autarquias é de iniciativa do Presidente da República, consoante determinação constitucional prevista no art. 61, § 1º, II, "e", regra que se estende, por força do federalismo, aos Estados, Distrito Federal e Municípios, em que a iniciativa será do Governador ou Prefeito conforme o caso. Para a extinção das Autarquias também é necessária a elaboração de lei específica.

2.4.1.3 | Patrimônio das Autarquias

Inicialmente o patrimônio das Autarquias é formado por meio de transferência de bens móveis e imóveis da entidade criadora e, como já abordado, gozam dos privilégios dos atributos da inalienabilidade, impenhorabilidade e imprescritibilidade. No caso de extinção das Autarquias todo o seu patrimônio reincorpora-se ao ativo da entidade estatal criadora.

2.4.1.4 | Capacidade de Autoadministração das Autarquias

Como as Autarquias não possuem caráter político, não podem criar regras jurídicas de auto-organização, possuindo apenas capacidade de autoadministração, que significa administrar a si própria segundo as regras constantes da lei que a instituiu.

2.4.1.5 | Atividades das Autarquias

Por força do Decreto-Lei nº 200/67, as Autarquias executam atividades típicas da Administração Pública. Em verdade, interpretando-se a legislação, as Autarquias executam serviços meramente administrativos ou de cunho social, excluindo-se os serviços de natureza industrial ou econômica que são próprios de entidades públicas de direito privado. São exemplos de Autarquias: BACEN (Banco Central do Brasil), INSS (Instituto Nacional do Seguro Social), USP (Universidade de São Paulo), IBAMA (Instituto Brasileiro do Meio Ambiente e dos Recursos Naturais Renováveis), etc.

2.4.1.6 | Regime de Pessoal das Autarquias

Com a edição da Lei nº 8.112/90, o regime jurídico dos servidores das Autarquias e da Administração Direta passou a ser o regime estatutário. Entretanto, com o "Emendão" – Emenda Constitucional nº 19/98 – o art. 39 da Constituição Federal foi alterado, não mais existindo a imposição de um regime jurídico único.

Decorrente disso, hoje podem as Autarquias, assim como a Administração Direta, adotar o regime trabalhista para seus servidores, na medida em que a exigência de um regime jurídico único de servidores não mais existe.

2.4.1.7 | Responsabilidade Civil das Autarquias

As Autarquias respondem pelos danos que seus agentes causarem a terceiros independentemente de dolo ou culpa, conforme determina o art. 37, § 6º da Constituição Federal. Em outras palavras, a responsabilidade civil das Autarquias é a chamada responsabilidade objetiva que adiante estudaremos.

2.4.1.8 | Insubordinação ao ente instituidor e o controle finalístico

As Autarquias estão meramente vinculadas ao ente criador não havendo subordinação hierárquica.

As entidades criadoras das Autarquias exercem sobre elas apenas o chamado controle finalístico. Não se trata de um controle hierárquico, pois o controle finalístico tem por objetivo apenas o cumprimento das finalidades previstas na lei criadora, no regulamento ou no estatuto.

2.4.1.9 | Autarquias em regime especial

Nos entendimentos de Hely Lopes Meirelles, Autarquia em regime especial é aquela que a lei instituidora confere privilégios específicos e aumenta sua autonomia em comparação com as autarquias comuns, sem infringir os preceitos constitucionais.

A diferencia primordial das Autarquias comuns das de regime especial são as regalias que a lei criadora lhes confere para o pleno desempenho de suas finalidades específicas. São autarquias de regime especial o Banco Central do Brasil (Lei nº 4.995/64), a Comissão Nacional de Energia Nuclear (Lei nº 4.118/62), a Universidade de

São Paulo (Decreto-Lei nº 13.855/44 e Decretos 52.326/69 e 52.906/72), além das atuais agências reguladoras.

2.4.2 | Fundações Públicas

Dentre as entidades da Administração Indireta, a Fundação é, sem dúvida alguma, a que tem provocado maiores divergências doutrinárias no que diz respeito à sua natureza jurídica e às consequências que daí decorrem.

Nesse passo, formaram-se duas correntes doutrinárias: a primeira entende que a natureza jurídica das fundações é apenas privatística, e a segunda defende a existência de fundações com personalidade jurídica pública ou privada.

Para o presente momento aconselhamos seguir o entendimento dos que defendem a possibilidade de o poder público, ao instituir a fundação, atribuir-lhe personalidade de direito público ou de direito privado.

Vale trazer à colação os entendimentos de Maria Sylvia Zanella Di Pietro, a saber:

> *[...] pode-se definir a fundação instituída pelo poder público como o patrimônio, total ou parcialmente público, dotado de personalidade jurídica, de direito público ou privado, e destinado, por lei, ao desempenho de atividades do Estado na ordem social, com capacidade de autoadministração e mediante controle da Administração Pública, nos limites da lei.*

A partir do conceito acima podemos elencar as seguintes características às fundações:

1) Possuem dotação patrimonial que podem ser inteiramente do poder público ou semipública e semiprivada;

2) Personalidade jurídica pública ou privada atribuída por lei;
3) Desempenho de atividades atribuídas ao Estado no âmbito social como, por exemplo, saúde, educação, cultura, meio ambiente, assistência e outras;
4) Capacidade de autoadministração;
5) Sujeição ao controle administrativo ou tutela por parte da Administração Direta, nos limites estabelecidos em lei.

2.4.2.1 | Fundação de Direito Privado

Como já analisado, a Administração direta pode instituir fundação com personalidade jurídica privada, porém ela nunca se sujeita inteiramente a esse ramo do direito. Todas as fundações governamentais se submetem, em um ou outro aspecto, ao direito público (ex.: fiscalização financeira orçamentária e do controle interno pelo Poder Executivo).

É imperioso ressaltar que, quando a Administração Pública cria uma Fundação de direito privado, ela se submete ao direito comum em tudo aquilo que não for expressamente derrogado por normas de direito público (tais normas podem constar da Constituição, de leis ordinárias e complementares federais e da própria lei que instituiu a entidade).

Afora as derrogações previstas nas leis instituidoras, **aplicam-se às fundações de direito privado, instituídas ou mantidas pelo Poder Público**, as seguintes normas de natureza pública:

a) Subordinação à fiscalização, controle e gestão financeira, o que inclui fiscalização pelo Tribunal de Contas e controle administrativo, exercido pelo Poder Executivo (supervisão ministerial) com sujeição a todas

as medidas indicadas no art. 26 do Decreto-Lei nº 200 (art. 49, inciso X; 72 e 73 da Constituição Federal);
b) Instituição autorizada em lei, cabendo à Lei complementar definir as áreas de sua atuação (art. 1º, inciso II da Lei nº 7.596 e art. 37, inciso XIX, da CF);
c) A sua extinção somente poderá ser feita por lei. Nesse aspecto, fica derrogada as disposições do Código Civil, que prevê as formas de extinção da fundação, inaplicáveis às fundações governamentais;
d) Equiparação de seus empregados aos servidores públicos para os fins previstos no art. 37 da Constituição, inclusive a acumulação de cargos e para fins criminais (art. 327 do Código Penal) e para fins de improbidade administrativa (arts. 1º e 2º da lei nº 8.429/92);
e) Sujeição de seus dirigentes a mandado de segurança quando exerçam funções delegadas do Poder Público, somente no que entender com essas funções (art. 1º, § 1º, da Lei nº 1.533/51, e art. 5º, inciso LXIX da Constituição Federal), cabimento de ação popular contra atos lesivos de seu patrimônio (art. 1º da Lei nº 4.717/65 e art. 5º, inciso LXXIII, da Constituição Federal); legitimidade ativa para propor ação civil pública (art. 5º da Lei nº 7.347/86);
f) Juízo privativo da esfera estadual (art. 36 do Código Judiciário do Estado de São Paulo – Decreto-Lei Complementar nº 3, de 27/08/69);
g) Submissão à Lei nº 8.666/93, para a realização de licitação, nos termos dos arts. 1º e 119;
h) Em matéria de finanças públicas, as exigências contidas nos arts. 52, VII; 169, § 1º e 165, §§ 5º e 9º, da Constituição Federal;
i) Imunidade tributária referente ao imposto sobre o patrimônio, a renda ou serviços vinculados a suas finalidades essenciais ou delas decorrentes (art. 150, § 2º, CF).

2.4.2.2 | Fundação de Direito Público

Maria Sylvia Zanella Di Pietro nos ensina que, além das normas de natureza pública acima referidas e aplicáveis às fundações governamentais de direito privado, aplicam-se às fundações públicas as seguintes características:

1) Presunção de veracidade e executoriedade de seus atos administrativos;
2) Inexigibilidade de inscrição de seus atos constitutivos no Registro Civil das Pessoas Jurídicas, porque sua personalidade jurídica já decorre de lei;
3) Não submissão à fiscalização do Ministério Público;
4) Impenhorabilidade de seus bens e sujeição ao processo especial de execução estabelecido pelo art. 100 da Constituição;
5) Prescrição quinquenal de suas dívidas;
6) Juízo privativo (art. 109, inc. I, da Constituição Federal).

Para Hely Lopes Meirelles, a Constituição Federal, encampando a doutrina existente, atribui personalidade pública às fundações instituídas pelo Poder Público, com objetivo de alcançar o interesse coletivo. Assim, a Carta Magna transformou essas fundações em entidades de direito público, integrantes da Administração Indireta, ao lado das autarquias, empresas públicas e sociedades de economia mista. Segundo referido autor, as fundações públicas prestam-se à realização de atividades não lucrativas e atípicas de Poder Público, mas de interesse coletivo, como educação, cultura, pesquisa.

Em síntese, se admitirmos fundações instituídas pelo Poder Público e regidas pelo direito privado, seu regime jurídico será idêntico ao das empresas estatais. Se admitirmos fundações de direito público, seu regime jurídico será idêntico ao das Autarquias.

2.4.3 | Empresas Estatais

As empresas estatais integram a Administração Indireta e são conceituadas como pessoas jurídicas de direito privado, autorizadas por lei específica para a prestação de um serviço público ou exploração de uma atividade econômica em caráter excepcional, vinculadas com o ente que as criou, mas não subordinadas hierarquicamente. As empresas estatais classificam-se em empresas públicas e sociedades de economia mista.

O art. 37, inciso XIX da Constituição Federal, estabelece a seguinte disposição:

> *[...] somente por lei específica poderá ser criada autarquia e autorizada a instituição de empresa pública, de sociedade de economia mista e de fundação, cabendo à lei complementar, neste último caso, definir as áreas de atuação.*

Analisando o dispositivo constitucional em comento, denota-se claramente uma diferença entre a Autarquia e as Estatais: a primeira é criada por lei e as segundas autorizadas por lei. Com efeito, essa diferença não demonstra uma simples preferência terminológica do legislador. Ao contrário, a diferenciação existente reside no fato que, tratando-se de entidades de direito privado, a lei não pode criar a pessoa jurídica, mas tão somente autorizar a sua criação, que se processará, posteriormente, com o registro de seus atos constitutivos no Registro Público competente.

2.4.3.1 | Empresa Pública

Empresa Pública é pessoa jurídica de direito privado, autorizada por lei específica para a prestação de um serviço público ou exploração de uma atividade econômica, possuindo patrimônio próprio e capital exclusivamente público, podendo ser constituída sob qualquer forma societária, inclusive inédita.

2.4.3.2 | Sociedade de Economia Mista

Sociedade de Economia Mista é pessoa jurídica de direito privado, autorizada por lei específica para a prestação de um serviço público ou exploração de uma atividade econômica, possuindo capital misto (público e privado) e constituída sob a forma de sociedade anônima.

2.4.3.3 | Aspectos comum entre a Empresa Pública e a Sociedade de Economia Mista

Várias são as semelhanças entre as empresas públicas e sociedades de economia mista, dentre elas podemos destacar as seguintes:

1) São pessoas jurídicas de direito privado;
2) A criação de ambas é autorizada por lei;
3) Prestam serviços públicos ou exploram atividades econômicas;
4) Estão vinculadas com o ente que as criou, mas não subordinadas hierarquicamente;
5) Sofrem ingerência de normas de direito público que derrogam as normas de direito privado;
6) Em ambas o regime de pessoal é o previsto na legislação trabalhista (Consolidação das Leis do Trabalho – CLT), porém os empregados de ambas equiparam-se aos funcionários públicos para fins penais;
7) Gozam do regime jurídico híbrido, ou seja, se prestarem serviços públicos gozam do regime jurídico administrativo, e caso explorarem atividade econômica irão se sujeitar ao regime jurídico próprio das empresas privadas. Ressalta-se que as exploradoras

de atividade econômica estarão sujeitas a um regime jurídico específico, que será estabelecido mediante lei e em estatuto, que deverá dispor sobre: sua função social e formas de fiscalização pelo Estado, sujeição ao regime jurídico próprio das empresas privadas, realização de procedimento licitatório, responsabilidade dos administradores, funcionamento dos conselhos ficais e de administração;
8) Os seus bens são considerados públicos quando se encontram afetados à prestação do serviço público;
9) Quando prestam serviços públicos respondem de forma objetiva (art. 37 § 6º, da CF) e quando exploram atividade econômica posuem responsabilidade subjetiva;
10) Submetem-se ao procedimento licitatório, porém, a doutrina majoritária está se posicionando no sentido de que as exploradoras de atividade econômica poderão afastar o procedimento licitatório para o exercício de sua atividade-fim, pois tal exigência poderia prejudicar e inviabilizar o desempenho de suas atividades-fins.

2.4.3.4 | Aspectos divergentes entre a Empresa Pública e a Sociedade de Economia Mista

Dentre os relevantes aspectos divergentes entre as empresas públicas e sociedades de economia mista, podemos elencar os seguintes:

1) A Empresa Pública é formada com capital exclusivamente público e a Sociedade de Economia Mista é formado com capital público e privado, nestas não sendo necessário que o Estado seja o sócio majoritário, pois o que importa é que ele detenha o poder de direção dos negócios;

2) A Empresa Pública é constituída sob qualquer forma de sociedade, inclusive inédita. Já a Sociedade de Economia Mista deve ser constituída sob a forma de sociedade anônima;
3) Segundo o que dispõe o art. 109, I, da CF, as demandas em que figura no polo a Empresa Pública deverão ser julgadas na Justiça Federal. Com relação às demandas em que figura a Sociedade de Economia Mista serão julgadas na Justiça Estadual, excetuando os Mandados de Segurança contra ato de autoridade federal, que devem ser julgados na Justiça federal, segundo determinação do art. 109, VIII, da CF.

2.4.4 | Agências

Sabe-se que as agências foram importadas do modelo norte-americano, e o que mais vem atraindo nas agências são as possibilidades de uma maior independência em relação ao Poder Executivo, além da sua função regulatória.

De qualquer sorte, é pacífico que o direito norte-americano tem servido entre nós de modelo, de forma a propiciar a proliferação de agências integrantes da Administração Indireta.

No que concerne ao nosso sistema jurídico é possível verificar a existência de duas espécies de agências: a agência executiva e a agência reguladora.

2.4.4.1 | Agência Executiva

As Agências Executivas foram criadas com a Lei Federal 9.649/98 e regulamentadas pelo Decreto Federal nº 2.487/98. No dizer de Maria Sylvia Zanella Di Pietro:

> *[...] agência executiva é a qualificação dada à autarquia ou fundação que celebre contrato de gestão com o órgão da Administração Direta*

a que se acha vinculada, para a melhoria da eficiência e redução de custos.

Como se observa, as Agências Executivas não são entidades recém-criadas, mas, sim, entidades preexistentes, pois são Autarquias ou Fundações que preencheram os requisitos legais, a saber:

1) Ter celebrado contrato de gestão com o respectivo Ministério supervisor;
2) Ter plano estratégico de reestruturação e de desenvolvimento institucional, voltado para a melhoria da qualidade de gestão e para a redução de custos, já concluído ou em andamento.

Ressalta-se que os Estados, o Distrito Federal e os Municípios podem, igualmente a União, criar os meios para qualificar Autarquias e Fundações Públicas como Agências Executivas, mas, para tanto, será necessária a elaboração de lei específica para cada ente estatal, pois a legislação federal não tem aplicação nas demais esferas do governo.

Nota-se que se deve celebrar um contrato de gestão com prazo determinado para o surgimento da Agência Executiva. Desta forma, podemos concluir que a qualificação é temporária, onde, findo o prazo, a Autarquia ou Fundação despe-se do privilégio recebido (agência executiva) e volta a ter o seu regime normal, ou seja, sem ampliação de sua autonomia.

2.4.4.2 | Agência Reguladora

As agências reguladoras possuem natureza jurídica de Autarquias em regime especial que executam o poder normativo nas permissões e concessões de serviços públicos, poder este conferido inicialmente ao Poder Público.

A competência do Poder Executivo sobre as Agências é apenas político, no sentido de que poderá coordenar as diferentes ações públicas com a política desenvolvida pelo Governo.

As Agências Reguladoras têm natureza de "Autarquias sob regime especial", pois possuem privilégios específicos que a lei outorga à Entidade para o desempenho de seus fins.

No âmbito federal, esses privilégios caracterizam-se da seguinte forma:

1) Estabilidade de seus dirigentes (mandato fixo) após nomeação pelo Presidente da República e aprovação pelo Senado Federal;
2) Autonomia financeira (renda própria e liberdade de sua aplicação);
3) Poder normativo (regulamentação das matérias de sua competência).

O regime especial a que são submetidas essas agências significa uma maior autonomia que lhes é conferida em face da Administração Direta, resumindo-se na estabilidade de seus dirigentes e no caráter finalístico de suas decisões no âmbito da Administração Pública, uma vez que estas não podem ser revistas por outros órgãos ou entes da Administração.

2.4.5 | Entidades Paraestatais (Terceiro Setor)

As entidades paraestatais são pessoas jurídicas de direito privado que colaboram com o Estado desempenhando atividades não lucrativas às quais o Poder Público dispensa especial proteção.

Segundo a doutrina majoritária, as entidades paraestatais não integram a Administração Pública, porém compõem o Terceiro Setor, compreendendo as sociedades civis sem fins lucrativos, não abrangendo as Sociedades de Economia Mista e Empresas Públicas.

Integram as Entidades Paraestatais as chamadas organizações sociais, organizações da sociedade civil de interesse público e os serviços sociais autônomos.

2.4.5.1 | Organizações Sociais

As Organizações Sociais integram a iniciativa privada atuando ao lado do Estado, cooperando e estabelecendo parcerias com o poder público.

São pessoas jurídicas de direito privado sem fins lucrativos criadas por particulares para a execução de serviços públicos previstos em lei e não exclusivos do Estado, mas de interesse da coletividade.

A Lei nº 9.637/98 autorizou que fossem repassados serviços de pesquisa, científico, ensino, meio ambiente, cultura e saúde, por meio da celebração do contrato de gestão.

As Organizações Sociais poderão receber do Poder Público recursos orçamentários, bens públicos necessários para o cumprimento do contrato de gestão por meio de uma permissão de uso e servidores públicos com ônus para a origem.

A Administração Pública poderá, ainda, dispensar a licitação nos contratos de prestação de serviços celebrados com a Organização Social.

Ademais, deve existir um órgão de deliberação superior com representantes do poder público e membros da comunidade.

2.4.5.2 | Organizações da Sociedade Civil de Interesse Público

As Organizações da Sociedade Civil de Interesse Público assemelham-se às Organizações Sociais, encontram-se reguladas pela Lei Federal nº 9.790/99 e são conhecidas como pessoas jurídicas de direito privado, sem fins lucrativos, instituídas por iniciativa de particulares com posterior habilitação junto ao Ministério da Justiça, para o desempenho de serviços sociais não exclusivos do Estado, incentivadas e fiscalizadas pelo Estado, mediante a celebração de Termo de Parceria.

Vale salientar que a execução do ajuste será supervisionada pelo Poder Público da área de atuação correspondente à atividade fomentada e pelos Conselhos de Políticas Públicas.

2.4.5.3 | Serviços Sociais Autônomos

Serviço Social Autônomo é o título que se atribui às pessoas jurídicas de direito privado, integrantes da iniciativa privada que foram criadas para desenvolver atividades de auxílio a determinadas categorias profissionais que não tenham finalidade lucrativa. Ex.: SESI, SENAC, SESC (a finalidade é fomentar o desenvolvimento de certas categorias privadas e, por isso, interessa à Administração ajudar).

Poderão receber incentivos com dotações orçamentárias e titularizam contribuições parafiscais.

3 | PRINCÍPIOS

Para conceituar os princípios, podemos trazer à colação os entendimentos de José Cretella Júnior:

> *[...] princípios de uma ciência são as proposições básicas, fundamentais, típicas que condicionam todas as estruturações subsequentes. Princípios, neste sentido, são os alicerces da ciência.*

Em outro giro, podemos afirmar que o direito administrativo é uma ciência que possui as suas proposições básicas encontradas nos princípios constitucionais e nos princípios de direito administrativo.

Sabe-se que o Direito Administrativo é um ramo do direito público não codificado; assim sendo, os princípios assumem especial relevância, no sentido de fundamentar e indicar as diretrizes das matérias e assuntos que regulam o Direito Administrativo.

A seguir, estudaremos os princípios constitucionais previstos no art. 37 *caput* da Constituição Federal e alguns princípios de Direito Administrativo.

3.1 | PRINCÍPIO DA LEGALIDADE

O princípio da legalidade é o princípio essencial para a plena vigência do Estado de Direito. Por meio dele toda e qualquer atividade administrativa fica balizada pelos ditames da lei.

Este princípio determina à Administração Pública uma atuação fundamentada na lei. A Administração deve fazer o que a lei determina.

Vale registrar a lição do professor Hely Lopes Meirelles que se repete em toda a doutrina e que muito bem interpreta este mandamento constitucional repetido pelas Leis federal e estadual do processo administrativo:

> *Na Administração Pública não há liberdade nem vontade pessoal. Enquanto na administração particular é lícito fazer tudo que a lei não proíbe, na Administração Pública só é permitido fazer o que a lei autoriza. A lei para o particular significa "pode fazer assim"; para o administrador público significa "deve fazer assim".*

Não podemos interpretar o referido princípio simplesmente como o dever de obediência à lei em seu sentido estrito, o conteúdo semântico a ser dado ao termo legalidade é mais amplo, na medida em que o administrador público para realizar a atividade administrativa deve se submeter ao Direito, ao ordenamento jurídico, às normas e aos princípios gerais de direito público.

Não há que se ter, em razão da força do princípio da legalidade, uma obediência apenas formal à lei, a mera aparência da legalidade não é obediência ao citado princípio, "requer uma atenção especial para com o espírito da lei e para com as circunstâncias do caso concreto".

A atuação da Administração Pública em obediência ao princípio da legalidade só é excepcionada nos casos de Medida Provisória (CF art. 62 § único), Estado de Defesa (CF art. 136) e Estado de Sítio (CF art. 137 a 139).

Em caso de violação por parte da Administração Pública ao estabelecido na lei cabe Mandado de Segurança nos termos do art. 5°, inciso LXIX, da Constituição Federal.

3.2 | PRINCÍPIO DA IMPESSOALIDADE

O princípio da impessoalidade impõe para a Administração Pública a atuação sem discriminações, benéficas ou detrimentosas, sem favorecimento ou perseguições. A Administração não pode atuar com vistas a prejudicar ou beneficiar pessoas determinadas, uma vez que é sempre o interesse público que tem que nortear o seu comportamento. A Administração Pública deve ser imparcial. Buscando atender ao princípio da impessoalidade, a Lei n° 9.784/99 traz normas relativas ao impedimento (art. 18) e à suspeição (art. 20) de servidor público no processo administrativo federal.

Entretanto, existe outro entendimento doutrinário. Segundo José Afonso da Silva, com esteio em Gordillo, ensina que:

> *[...] os atos e provimentos administrativos são imputáveis não ao funcionário que os pratica, mas ao órgão ou entidade administrativa da Administração Pública, de sorte que ele é o autor institucional do ato.*

Em outras palavras a Administração Pública não tem "rosto", na medida em que as realizações da Administração não são do administrador, e sim da entidade pública.

3.3 | PRINCÍPIO DA MORALIDADE

O princípio da moralidade impõe que a Administração Pública deve atuar baseada em preceitos éticos e disciplinados, deve atender aos bons costumes, à honestidade, aos deveres da boa administração.

A violação a um preceito moral pelo administrador público, em face de positivação da necessidade de conduta ética, é uma violação à lei. Violar os princípios éticos implicará violação ao próprio direito. Deve-se alertar que a violação moral não deve ser entendida como violação à moral comum, e sim aos preceitos morais administrativos.

O professor Bandeira de Mello inclui no âmbito do princípio da moralidade a lealdade e boa-fé e, citando Jesús Gonzáles Peres, afirma que a Administração deve agir com o administrado com:

> *[...] sinceridade e lhaneza, sendo-lhe interdito qualquer comportamento astucioso, eivado de malícia, produzido de maneira a confundir, dificultar ou minimizar o exercício de direitos por parte dos cidadãos.*

A Lei nº 8.429, de 02 de junho de 1992, veio regular o § 4º do art. 37 da Constituição Federal de 1988, dispondo sobre as sanções aplicáveis aos responsáveis pela prática de atos de improbidade administrativa.

Cabe a ressalva de que não é só a Administração Pública que deve obediência ao princípio da moralidade, pois o particular ao se relacionar com a Administração também deve obedecer a padrões morais, sendo o conluio entre licitantes uma vergonhosa forma de violação ao princípio da moralidade.

3.4 | PRINCÍPIO DA PUBLICIDADE

A atuação administrativa deve ser transparente. Ao lado do princípio da motivação existe a exigência da publicidade, não basta motivar a decisão, é necessário tornar pública as razões de fato e de direito que levaram a Administração Pública a decidir em determinado sentido. O princípio da publicidade impõe a "ampla divulgação dos atos praticados pela Administração Pública".

Deve ser registrado que se tratando de informações imprescindíveis à segurança da sociedade e do Estado, bem como aquelas em que o conteúdo é resguardado por sigilo, não se pode impor publicidade, nos termos do estabelecido pela Constituição.

O princípio da publicidade implica tornar o ato público, não significa dizer que todos os atos devem ser publicados. Se um ato administrativo foi publicado, isto significa apenas um dos meios de se cumprir o princípio da publicidade.

3.5 | PRINCÍPIO DA EFICIÊNCIA

Este princípio foi inserido na Constituição Federal mediante a Emenda Constitucional 19, de 04 de junho de 1998, agora é repetido na lei federal do Processo Administrativo.

O princípio da eficiência impõe um modo de atuação combativa às situações burocráticas típicas da Administração Pública, as quais serviam como escusas para a não realização das atividades administrativas.

Maria Sylvia Zanella Di Pietro entende que o princípio da eficiência *"impõe ao agente público um modo de atuar que produza resultados favoráveis à consecução dos fins que cabem ao Estado alcançar"*.

No entender de Sérgio Ferraz e Adilson Dallari este princípio vem propiciar a efetividade do processo administrativo, a saber:

> *A Lei n° 9.784, de 1999, atenta ao princípio da eficiência e, preocupada com a efetividade do processo, cuidou de estabelecer prazos para as várias ações que podem ou devem ser praticadas do curso do processo (arts. 41, 42, 44, 59 e 66), estabeleceu peremptoriamente o dever de decidir (art. 48) e, para completar, estabeleceu prazos também para a prática dos atos decisórios (arts. 49 e 59, § 1º), tudo isso para evitar que o processo administrativo deixe de cumprir seus objetivos.*

O princípio da eficiência não deve ser invocado para justificar violação aos demais princípios, ou seja: não se deve sacrificar o princípio do contraditório para que a tomada de decisão administrativa seja mais eficiente; não se viola a legalidade em prol da eficiência administrativa; a ampla defesa não é entrave para uma melhor atuação administrativa; enfim, todos os princípios devem ser obedecidos a par do princípio da eficiência, onde a interpretação e utilização devem ser harmônicas.

Vale lembrar que a licitação na modalidade pregão, regulamentada pelo Decreto Federal n° 3.555/00 e Lei Federal n° 10.520/02, surgiu em nosso ordenamento jurídico para cumprir o referido princípio, pois comparada às outras modalidades de licitação é a mais rápida e mais célere.

3.6 | PRINCÍPIO DA RAZOABILIDADE

A razoabilidade deve ser interpretada com a concepção da legalidade, pois se trata de princípio que também combate o legalismo meramente formal. Não basta a legalidade norteando a conduta do administrador público, sua conduta deve ser razoável, aceitável do ponto de vista racional, deve ser atendido o bom-senso na atuação administrativa.

Trazendo mais uma vez o ensinamento do ilustríssimo professor Celso Antônio Bandeira de Mello, *in verbis*:

> *Enuncia-se com este princípio que a Administração, ao atuar no exercício de discrição, terá de obedecer a critérios aceitáveis do ponto de vista racional, em sintonia com o senso normal de pessoas equilibradas e respeitosas das finalidades que presidiram a outorga da competência exercida. Vale dizer: pretende-se colocar em claro que não serão apenas inconvenientes, mas também ilegítimas – e, portanto, jurisdicionalmente invalidáveis – as condutas desarrazoadas, bizarras, incoerentes ou praticadas com desconsideração às situações e circunstâncias*

que seriam atendidas por quem tivesse atributos normais de prudência, sensatez e disposição de acatamento às finalidades da lei atributiva da discrição manejada.

A administração deve obedecer à lei e só fazer uso das prerrogativas que lhe são conferidas na estrita medida do necessário. Assim, sempre deve haver uma razoabilidade, adequação, proporcionalidade entre as causas que estão ditando o ato e as medidas que vão ser tomadas.

3.7 | PRINCÍPIO DA MOTIVAÇÃO

Em razão do princípio da motivação a Administração está obrigada a indicar os fundamentos fáticos e de direito de suas decisões. A sua obrigatoriedade se justifica em qualquer ato administrativo, seja ele de regramento vinculado ou discricionário, de modo a permitir o controle da legalidade dos atos administrativos, salvo se a lei expressamente dispensar a necessidade de motivação.

3.8 | PRINCÍPIO DA SUPREMACIA DO INTERESSE PÚBLICO

Quanto ao princípio da supremacia do interesse público propriamente dito, também conhecido como finalidade pública, sua conceituação não exige maiores esforços. Ora, se a Administração deve agir de forma a realizar os interesses coletivos, é justo que esses interesses prevaleçam sobre os interesses privados.

Assim é que se a Administração pode, por exemplo, desapropriar, é porque encontra-se ínsito em suas finalidades a realização do interesse coletivo (expropriar a propriedade privada para a construção de uma escola pública), que sobrepuja o interesse particular (manter intocada a propriedade).

Entretanto, a supremacia do interesse público deve ser exercida com respeito aos interesses individuais. É por esse motivo que, no caso da desapropriação, embora violentando a vontade do particular quanto ao desejo de não efetuá-la, não fica o Poder Público excluído do dever de indenizá-lo patrimonialmente. Assim, o interesse coletivo se sobrepõe ao interesse particular sem deitar por terra o Estado de Direito.

3.9 | PRINCÍPIO DA INDISPONIBILIDADE DO INTERESSE PÚBLICO

Via de consequência decorre da supremacia do interesse público a sua indisponibilidade. Celso Antônio Bandeira de Mello ensina que o princípio da indisponibilidade do interesse público significa que a Administração não pode dispor, ao seu livre critério, dos interesses qualificados como próprios da coletividade. Ensina ainda que:

> *[...] as pessoas administrativas não têm, portanto, disponibilidade sobre os interesses públicos confiados à sua guarda e realização. Esta disponibilidade está permanentemente retida nas mãos do Estado.*

Temos, com isto, que se não existe livre disposição dos interesses colocados como públicos, deve a Administração exercitar os seus poderes para a plena realização de suas finalidades.

3.10 | PRINCÍPIO DA PRESUNÇÃO DE LEGITIMIDADE

O princípio da presunção de legitimidade também é conhecido por princípio da presunção de veracidade do ato administrativo. Referido princípio é concebido sob dois aspectos: de um lado, a presunção de legalidade, e, de outra parte, a presunção de verdade, que diz respeito à certeza dos fatos. Ora, se a Administração Pública deve se submeter à lei, presume-se, até prova em contrário, que todos os seus atos sejam verdadeiros, praticados de acordo com a lei.

3.11 | PRINCÍPIO DA AUTOTUTELA

A Administração Pública controla, tutela, pode rever seus próprios atos, revogando-os quando convenientes ou oportunos, anulando-os quando ilegais, sem ter que recorrer ao Judiciário para tanto.

Na anulação, opera-se o efeito *ex tunc* (retroage para as origens do ato).

Na revogação, ocorre o efeito *ex nunc* (não retroage, opera efeito a partir do momento da revogação).

A matéria se encontra sumulada pelo Supremo Tribunal Federal da seguinte forma:

> ***Súmula 346.*** *A administração pública pode declarar a nulidade dos seus próprios atos.*

> ***Súmula 473.*** *A administração pode anular seus próprios atos, quando eivados de vícios que os tornam ilegais, porque deles não se originam direitos; ou revogá-los, por motivo de conveniência ou oportunidade, respeitados os direitos adquiridos, e ressalvada em todos os casos a apreciação judicial.*

3.12 | PRINCÍPIO DA AUTOEXECUTORIEDADE

A autoexecutoriedade, também conhecida como atributo do ato administrativo, é uma prerrogativa da Administração Pública, consistente em poder converter em atos materiais as suas pretensões jurídicas, pelas próprias mãos, sem se socorrer do judiciário. Para o particular, o exercício do próprio direito não pode ser levado a efeito pelas próprias mãos. À administração, entretanto, cabe fazê-lo, não para todos os seus atos, mas para aqueles que por sua própria natureza, normalmente no campo do exercício do seu chamado poder de polícia, a urgência do cumprimento destes atos, torne legítima a atuação administrativa, no sentido de autoexecutar suas pretensões. Exemplo: Ficando evidenciado que um estabelecimento está a vender alimentos fora das condições de higiene exigidas, poderá a Administração Pública interditá-lo.

No exercício desta prerrogativa, a Administração deve observar uma estrita obediência à lei, assim como uma adequação da medida tomada, que deverá ser proporcional ao dano que está sendo causado. Em última análise, o particular não se encontra indefeso perante a Administração, podendo diante da ilegalidade facilmente comprovável impetrar mandado de segurança ou medida cautelar que tenha o condão de inibir essa força executória da administração, mas nessa hipótese deverá provar a ilegitimidade ou improcedência da medida autoexecutória.

PODERES ADMINISTRATIVOS

O ordenamento jurídico confere à Administração Pública, por meio de seus agentes públicos, certas prerrogativas para que estes, em nome do Estado, percorram a finalidade da atuação administrativa. Tais prerrogativas oriundas da lei exigem a observância dos princípios administrativos e possuem a finalidade de atingir o fim maior da Administração Pública, ou seja, o interesse público.

Referidas prerrogativas são chamadas de Poderes Administrativos.

Os poderes são verdadeiros poderes-deveres, pois a Administração não apenas pode como tem a obrigação de exercê-los.

Diferem dos poderes políticos que são estruturais e orgânicos porque compõem a estrutura do Estado e integram a organização constitucional.

Nas lições do saudoso Professor Hely Lopes Meirelles, os poderes são inerentes à Administração e se apresentam segundo as exigências dos serviços públicos, o interesse da coletividade e os objetivos a que se dirigem.

Vale destacar que o agente público também possui deveres, sendo os principais deveres genéricos:

1) **Dever de agir** – No direito privado o poder de agir é uma mera faculdade, no Direito Público é um dever de agir, uma imposição para o agente público.
2) **Dever de eficiência** – O exercício das atividades administrativas deve, além da legalidade, considerar a presteza, a perfeição e o rendimento funcional. Para tanto, a EC 19/98 inseriu na Carta Magna o princípio constitucional da eficiência.
3) **Dever de probidade** – Exige que o administrador público, no desempenho de suas atividades, atue sempre em consonância com o princípio da moralidade administrativa, agindo com ética, disciplina e honestidade.
4) **Dever de prestar contas** – A gestão de bens e interesses públicos impõe, como decorrência natural da condição, a prestação de contas dos atos praticados. Em verdade, quem gere dinheiro público ou administra bens ou interesses da coletividade deve prestar contas ao órgão competente para a fiscalização.

São considerados poderes da Administração o Poder Vinculado, o Poder Discricionário, o Poder Hierárquico, o Poder Normativo, o Poder Disciplinar e o Poder de Polícia.

4.1 | PODER VINCULADO

É aquele exercido quando a lei confere à Administração Pública poder para a prática de determinado ato, estipulando todos os requisitos e elementos necessários à sua validade.

No Poder Vinculado não há margem de liberdade para a Administração atuar, pois, o comportamento já está predefinido na lei.

O ato administrativo que desvie dos requisitos previstos na lei será ilegal e caberá à Administração ou ao Poder Judiciário a anulação do referido ato.

Exemplo: Quando o Poder Público aposenta um servidor, esse ato de aposentar é feito por meio de um poder vinculado, poder este inteiramente previsto na lei. O particular que pretende edificar tem de ter a planta aprovada pela Municipalidade. Esta age em conformidade com a lei.

4.2 | PODER DISCRICIONÁRIO

É aquele em que a Administração dispõe de uma razoável liberdade de atuação, ou seja, com liberdade de escolha de sua conveniência, oportunidade e conteúdo, observando tão somente os limites fixados em Lei.

Não podemos olvidar que tais atos decorrem da ausência de predeterminação de uma conduta pela Lei em face de determinada situação hipotética, deixando margem para que o administrador possa optar qual a melhor solução que atenderá ao interesse público.

No poder vinculado, como já vimos, a Administração Pública vai exercê-lo inteiramente regrado, inteiramente previsto na lei. No poder discricionário, a própria lei vai oferecer certa margem de liberdade ao administrador.

Nesse sentido, não podemos confundir a discricionariedade com a arbitrariedade, pois discricionariedade significa opção ou liberdade dentro da lei e arbitrariedade nada mais é do que agir fora da lei ou contra ela.

A discricionariedade é uma marca do Executivo, pois os administradores, com certa margem de subjetivismo, vão dar a solução para cada caso concreto.

Por exemplo, o Poder Público, com discricionariedade, avaliando o interesse coletivo no tempo poderá autorizar a colocação de uma banca de verduras e legumes no meio da praça, pois discricionariamente entendeu que naquele determinado momento era importante para a coletividade se aquela banca existisse.

Por fim, não podemos esquecer que a discricionariedade é limitada pelos princípios da razoabilidade (proibição do excesso) e proporcionalidade (proporção entre os meios e os fins almejados).

4.3 | PODER HIERÁRQUICO

É aquele que permite à Administração Pública distribuir as funções de seus órgãos e agentes conforme o escalonamento hierárquico.

Em razão do exercício do poder hierárquico, decorrem as prerrogativas, do superior hierárquico para o subordinado, de dar ordens, fiscalizar, rever, delegar e avocar atos.

4.4 | NORMATIVO OU REGULAMENTAR

O poder normativo ou regulamentar consiste na atribuição privativa do chefe do Poder Executivo para, mediante decreto, expedir atos normativos que permitam aplicar a Lei. Nesse sentido, dispõe o art. 84, inciso IV, da Constituição Federal, que compete ao chefe do Poder Executivo expedir decretos e regulamentos para fiel execução das leis.

Em outro giro, podemos afirmar que os regulamentos detalham e explicam uma lei. É aquilo que chamamos de decretos de execução.

O direito brasileiro não admite os chamados "decretos autônomos", ou seja, aqueles que trazem matéria reservada à lei.

4.5 | PODER DISCIPLINAR

É o que dispõe a Administração para apurar infrações e aplicar penalidades funcionais a seus agentes e demais pessoas sujeitas à disciplina administrativa, como é o caso das que por ela são contratados em licitação pública.

Poder Disciplinar não se confunde com Poder Hierárquico. No Poder Hierárquico a Administração Pública distribui e escalona as funções de seus órgãos e de seus servidores. No Poder Disciplinar a Administração apura e responsabiliza os servidores pelas faltas cometidas ou as pessoas ligadas à disciplina administrativa.

Exemplo: Aplicação de pena de demissão ao funcionário público pela prática de ato de improbidade. Aplicação da penalidade de suspensão temporária do direito de licitar e contratar com a Administração um contratado que praticou inadimplência contratual.

4.6 | PODER DE POLÍCIA

Conforme dispõe o art. 78 do Código Tributário nacional, considera-se poder de polícia a atividade da administração pública que, limitando ou disciplinando direito, interesse ou liberdade, regula a prática de ato ou abstenção de fato, em razão de interesse público concernente à segurança, à higiene, à ordem, aos costumes, à disciplina da produção e do mercado, ao exercício de atividades econômicas dependentes de concessão ou autorização do Poder Público, à tranquilidade pública ou ao respeito à propriedade e aos direitos individuais ou coletivos.

Em outro giro, o Poder de Polícia é aquele por meio do qual a Administração Pública tem a faculdade de condicionar e restringir o uso e gozo de bens, atividades e direitos individuais, em benefício do interesse público.

4.6.1 | Limites do Poder de Polícia

1) **Necessidade** – O Poder de Polícia só deve ser adotado para evitar ameaças reais ou prováveis de perturbações ao interesse público.
2) **Proporcionalidade/razoabilidade** – É a relação entre a limitação ao direito individual e o prejuízo a ser evitado.
3) **Eficácia** – A medida deve ser adequada para impedir o dano a interesse público. Para ser eficaz a Administração não precisa recorrer ao Poder Judiciário para executar as sua decisões, em razão da autoexecutoriedade que dispõe nos atos decorrentes do referido poder.

4.6.2 | Atributos do Poder de Polícia

1) **Discricionariedade** – É a liberdade de atuação, da Administração Pública, na escolha dos meios adequados para exercer o Poder de Polícia, bem como, na opção quanto ao conteúdo, das normas que cuidam de tal poder, dentro dos limites da Lei.
2) **Autoexecutoriedade** – É a prerrogativa da Administração em praticar os seus atos, sem necessidade de recorrer, previamente, ao Poder Judiciário.
3) **Coercibilidade** – É a imposição imperativa do ato de polícia a seu destinatário, admitindo-se até o emprego da força pública para seu normal cumprimento, quando houver resistência por parte do administrado.

4.6.3 | Distinção entre Polícia Administrativa e Judiciária

Importante distinguir polícia administrativa de polícia judiciária (polícia federal e polícia civil) e polícia de manutenção da ordem pública (polícia militar).

Na polícia administrativa o poder incide sobre bens, direitos e atividades; ela fiscaliza e pune o ilícito administrativo. Já na polícia judiciária e de manutenção da ordem pública incide diretamente sobre pessoas, preocupando-se com a ocorrência de delitos penais.

Via de regra a polícia administrativa possui caráter preventivo, enquanto a polícia judiciária, um caráter repressivo.

Nos dizeres do Ilustre Professor Celso Antônio Bandeira de Mello:

> *[...] o que efetivamente aparta polícia administrativa de polícia judiciária é que a primeira se predispõe unicamente a impedir ou paralisar atividades antissociais, enquanto a segunda se preordena à responsabilização dos violadores da ordem jurídica.*

5 | ATO ADMINISTRATIVO

Preliminarmente informamos ao leitor que não existe uma definição legal acerca do ato administrativo, sendo assim não é de estranhar que os doutrinadores administrativistas divirjam sobre o conceito.

Nesta esteira de entendimento, o ilustre doutrinador Celso Antônio Bandeira de Mello conceitua o ato administrativo como sendo a:

> [...] declaração do Estado (ou de quem lhe faça as vezes – como, por exemplo, um concessionário de serviço público), no exercício de prerrogativas públicas, manifestadas mediante providências jurídicas complementares da lei a título de lhe dar cumprimento, e sujeitas a controle de legitimidade por órgão jurisdicional.

O Mestre Hely Lopes Meirelles conceitua o ato administrativo como uma espécie do gênero ato jurídico, ou seja, é toda manifestação unilateral de vontade da Administração, que, agindo nesta qualidade, tenha por fim imediato adquirir, resguardar, transferir, modificar, extinguir e declarar direitos ou impor obrigações aos administrados ou a si própria. Analisando a doutrina, podemos concluir que não importa o ângulo pelo qual se conceitue o ato administrativo, na medida em que sempre existirá uma manifestação de vontade ou uma declaração emanada da Administração Pública.

5.1 | REQUISITOS DO ATO ADMINISTRATIVO

A edição do ato administrativo exige o cumprimento de determinados requisitos, sob pena de sua nulidade.

Mais uma vez, e como de costume, pois o direito administrativo é um ramo do direito público não codificado, a doutrina diverge ao estabelecer algumas definições ou conceituações acerca dos requisitos do ato administrativo.

Desta feita, temos apenas uma legislação para definir os requisitos do ato administrativo, qual seja, a Lei nº 4.717/65 que regula a ação popular, onde estabelece em seu art. 2º os seguintes requisitos para a formação do ato: competência, forma, objeto, motivo e finalidade.

Quanto à doutrina, não encontramos uma posição já consolidada. Cada autor, dependendo do critério adotado, afirma a existência de um ou outro requisito diferente.

Passemos, pois, ao estudo dos requisitos da Lei nº 4.717/65.

5.1.1 | Competência

A competência do ato administrativo é o poder atribuído ao agente público para o desempenho específico de suas funções. A competência resulta da própria lei e por ela é delimitada.

Nenhum ato administrativo pode ser realizado validamente sem que o agente disponha de poder atribuído pela lei ou não poderá ser realizado além do limite permitido, sob pena de abuso de poder, da espécie excesso de poder.

5.1.2 | Finalidade

É o elemento vinculado ao ato administrativo, pois todo ato administrativo tem por objetivo percorrer o interesse público, em que caso não for direcionado para este fim o ato deverá ser declarado nulo por vício de desvio de finalidade (desvio de poder).

5.1.3 | Forma

O requisito da forma pode ser definido como o elemento exteriorizador do ato administrativo. Com efeito, a forma do ato administrativo é aquela prescrita em lei.

Em verdade, na hipótese de omissão da lei a forma do ato será a escrita, de maneira que tudo fique documentado e passível de ser verificado a qualquer momento.

Porém, não podemos olvidar que a própria lei específica poderá prever o ato de forma verbal ou até mesmo simbólica.

5.1.4 | Motivo

O motivo são os fundamentos fáticos e de direito ensejadores do ato administrativo. O motivo pode ser determinado por lei (elemento vinculado) ou poderá ser deixado ao critério do administrador (elemento discricionário).

5.1.5 | Objeto

O objeto é o próprio conteúdo do ato administrativo, por meio do qual a Administração manifesta a sua vontade e seu poder, ou atesta simplesmente situações preexistentes.

Todo ato administrativo tem por objetivo a criação, modificação ou comprovação de situações jurídicas, concernentes a pessoas, coisas ou atividades sujeitas à ação do Poder Público.

5.2 | ATRIBUTOS DO ATO ADMINISTRATIVO

Os atributos do ato decorrem diretamente do regime jurídico administrativo, ou seja, são consequência direta das prerrogativas da Administração, que a colocam em uma posição privilegiada em relação ao particular.

Sob essa ótica, é evidente que os atos administrativos possuem atributos que devem propiciar à Administração a exteriorização e eficácia, em face do particular. Disto deflui que o ato administrativo deve ter por derradeiro a condição de obrigar o administrado ao cumprimento da vontade concreta da Administração.

Nesta esteira de entendimento serão aqui considerados como atributos do ato administrativo a presunção de legitimidade, a autoexecutoriedade e a imperatividade que retratam a condição de obrigatoriedade do ato administrativo em face do administrado.

5.2.1 | Presunção de Legitimidade

A presunção de legitimidade é um atributo que decorre diretamente do princípio da legalidade, em que os atos administrativos só podem ser emanados quando em absoluta conformidade com a lei. Logo, se a Administração Pública só pode fazer o que está previsto em lei, presumimos que todos os atos administrativos são legítimos, pois observaram a lei quando da sua edição.

Vale ressalvar que esta presunção atribuída aos atos administrativos é relativa (*juris tantum*) e não absoluta (*juris et de jure*), ou seja, admite prova em contrário.

5.2.2 | Autoexecutoriedade

A autoexecutoriedade consiste em dizer que a Administração Pública poderá executar alguns atos de forma direta e imediata, independentemente de autorização ou ordem judicial.

Todavia, não podemos olvidar que a autoexecutoriedade não se encontra em todos os atos administrativos. Só é possível a utilização desse atributo quando a lei expressamente o prevê ou quando em face de situações que possam ocasionar prejuízos materiais ou por questões de perigo de vida e segurança de pessoas.

5.2.3 | Imperatividade

A imperatividade significa que o ato administrativo se impõe a terceiros independentemente de sua concordância, ou seja, o Estado impõe uma obrigação ao particular que independe da sua vontade. A Imperatividade também é conhecida como *"Poder Extroverso do Estado"*.

Como muito bem observa Maria Sylvia Zanella Di Pietro, a imperatividade não se encontra presente em todos os atos administrativos, mas somente naqueles que impõem obrigações, excluídos, portanto, os atos ampliativos de direito e enunciativos.

5.3 | CLASSIFICAÇÃO DOS ATOS ADMINISTRATIVOS

A classificação dos atos administrativos também não é uniforme na doutrina, para tanto analisaremos a classificação doutrinária do Saudoso Professor Hely Lopes Meirelles e do Ilustríssimo Professor Celso Antônio Bandeira de Mello.

5.3.1 | Quanto aos destinatários (atos gerais e atos individuais)

Ato geral é aquele que não possui um destinatário específico, possuindo finalidade normativa e alcançando todos os que se encontrem na mesma situação de fato abrangida por seus preceitos. Exemplos: regulamentos, instruções normativas, circulares, limitações administrativas na propriedade.

Ato individual é aquele que possui um destinatário específico e certo, criando-lhe situação jurídica particular. Ressalta-se que o mesmo ato pode abranger um ou vários sujeitos, desde que sejam individualizados. Exemplos: decretos de desapropriação, nomeação, exoneração, outorgas de licença, permissão e autorização.

5.3.2 | Quanto ao seu alcance (atos internos e atos externos)

Atos internos são os destinados a produzir efeitos no recesso das repartições administrativas, e por isso mesmo incidem, normalmente, sobre os órgãos e agentes da Administração que os expediram; não produzem efeitos em relação a estranhos; não dependem de publicação no órgão oficial para sua vigência. Exemplos: portarias e instruções ministeriais.

Atos externos ou de efeitos externos são todos aqueles que alcançam os administrados, os contratantes e, em certos casos, os próprios servidores, provendo sobre seus direitos, obrigações, negócios ou conduta perante a Administração; só entram em vigor ou execução depois de divulgados pelo órgão oficial, dado o interesse do público no seu conhecimento.

5.3.3 | Quanto ao seu objeto (atos de império, atos de gestão e atos de expediente)

Atos de império ou de autoridade são todos aqueles que a Administração pratica usando de sua supremacia sobre o administrado ou servidor e lhes impõe obrigatório atendimento; são sempre unilaterais, expressando a vontade do Estado e seu poder de coerção. Exemplos: desapropriações, interdições de atividades, ordens estatutárias.

Atos de gestão são os que a Administração pratica sem usar de sua supremacia sobre os destinatários; ocorre nos atos puramente de administração dos bens e serviços públicos e nos negociais com os particulares, que não exigem coerção sobre os interessados. Exemplos: autorização legislativa, licitação, avaliação, venda de um bem.

Atos de expediente são todos aqueles que se destinam a dar andamento aos processos e papéis que tramitam pelas repartições públicas, preparando-os para a decisão de mérito a ser proferida pela autoridade competente; são atos de rotina interna, sem caráter vinculante e sem forma especial. Exemplos: promulgação ou veto a projeto de lei.

5.3.4 | Quanto ao regramento (atos vinculados e atos discricionários)

Para a referida classificação adotaremos as lições de Celso Antônio Bandeira de Mello, a saber:

> *Atos vinculados seriam aqueles em que, por existir prévia e objetiva tipificação legal do único possível comportamento da Administração em face de situação igualmente prevista em termos de objetividade absoluta, a Administração, ao expedi-los, não interfere com apreciação subjetiva alguma.*

> *Atos discricionários, pelo contrário, seriam os que a Administração pratica com certa margem de liberdade de avaliação ou decisão segundo*

critérios de conveniência e oportunidade formulados por ela mesma, ainda que adstrita à lei reguladora da expedição deles.

Cumpre informar que a diferença primordial entre ambos reside no fato de que nos vinculados a Administração não possui liberdade alguma, pois a lei já regulamentou o comportamento a ser adotado. Já nos atos discricionários a lei deixa ao administrador certa liberdade para decidir sobre o caminho a ser adotado, facultando-lhe a utilização de critérios próprios para o alcance do interesse público.

5.3.5 | Quanto à formação (ato simples, ato composto e ato complexo)

Ato simples é o que resulta da manifestação de vontade de um órgão da Administração Pública, depende de uma única manifestação de vontade.

Ato composto é aquele que depende de mais de uma manifestação de vontade que devem ser produzidas dentro de um mesmo órgão, como, por exemplo, um ato que dependa da autorização de um superior hierárquico. Exemplo: concessão de aposentadoria por invalidez pelo INSS em que é necessário um parecer elaborado por junta médica que servirá como ato acessório para se efetivar a aposentadoria.

Ato complexo é aquele que para se aperfeiçoar depende de mais de uma manifestação de vontade, porém, essas manifestações de vontade devem ser produzidas por mais de um órgão. Exemplo: decreto.

5.4 | FORMAS DE EXTINÇÃO DO ATO ADMINISTRATIVO

A **Anulação** é a invalidação do ato administrativo ilegítimo ou ilegal, feita pela própria Administração ou pelo Poder

Judiciário. Encontra fundamento nas razões de legitimidade ou legalidade, diversamente da revogação, que se funda em motivos de conveniência ou de oportunidade, e por isso mesmo é privativa da Administração. A Administração, reconhecendo que praticou um ato contrário à lei, tem o dever de anulá-lo, caso contrário o Judiciário poderá declarar a sua invalidade, por meio da anulação.

A anulação produz efeitos *"ex tunc"*, retroagindo os seus efeitos às origens do ato.

A **revogação** é a supressão de um ato administrativo legítimo, legal e eficaz, mas que não mais atende ao interesse público. A revogação é um ato privativo de realização pela Administração, pois o ato tornou-se inconveniente e inoportuno.

A revogação produz efeitos *"ex nunc"*, operando-se a partir do momento em que for declarada.

A **cassação** se dá quando os efeitos do ato são retirados em razão do descumprimento de condições por seu beneficiário. Assim, poderá haver cassação de ato administrativo que autorizou o particular a conduzir veículo automotor se este desrespeitar as leis do trânsito e extrapolar a pontuação.

A **caducidade ou decaimento** ocorre pela vigência de legislação posterior incompatível com a permanência dos efeitos do ato administrativo. Como, por exemplo, podemos citar alterações na legislação edilícia que implicam perda da licença para construir, enquanto não cumpridos os novos requisitos exigidos pela nova lei.

A **contraposição** ocorre quando surgir a edição de um ato com fundamento em competência diversa da que gerou o ato anterior, mas cujos efeitos são contrapostos aos daquele. Exemplo: a exoneração de agente político nomeado para cargo de confiança, ou seja, a exoneração se contrapõe à nomeação.

6 | LICITAÇÃO

A licitação é um procedimento administrativo vinculado destinado a obter a proposta mais vantajosa para o contrato de interesse da Administração.

O procedimento licitatório ocorre por meio de sucessivos atos administrativos vinculantes para a Administração e para os licitantes, propiciando igual oportunidade a todos os interessados em contratar com a Administração.

Com o advento da Medida Provisória 495 de 2010, já convertida na Lei Federal 12.349/2010, a licitação também passou a ter como finalidade a promoção do desenvolvimento nacional sustentável. A referida finalidade da licitação será cumprida por meio da preferência que as empresa nacionais terão em um limite de até vinte e cinco por cento (25%) acima do preço dos produtos manufaturados e serviços estrangeiros.

A aplicação dessa margem de preferência deverá ser estabelecida a partir de estudos que considerem a geração de empregos, a arrecadação de tributos e o desenvolvimento de inovação tecnológica.

Vale registrar que a referida preferência beneficiará as empresas do Mercosul, também podendo ser estendida a outros países com os quais o Brasil possa vir a firmar tratados de cooperação.

Outra mudança importante e que merece destaque é o fato de que, para critério de desempate nas licitações, será levado em conta o fato de os produtos serem produzidos no País. A redação original da Lei de Licitações dava preferência apenas a produtos produzidos no País por empresas de capital nacional. Agora, a produção nacional de empresas multinacionais será considerada.

6.1 | PRINCÍPIOS DA LICITAÇÃO

Os princípios que regem a licitação, qualquer que seja a modalidade, resumem-se nos seguintes:

6.1.1 | Princípio da Legalidade

O conclave licitatório é de natureza estritamente vinculada aos ditames da lei.

6.1.2 | Princípio da Impessoalidade

O princípio da impessoalidade impõe à Administração o dever de pautar os seus atos pelo interesse público tão somente, impedindo a incidência de privilégios ou prejuízos aos particulares.

6.1.3 | Princípio do Julgamento Objetivo

A licitação deve ser julgada de acordo com os critérios preestabelecidos no edital, sem qualquer subjetivismo ou discricionariedade

6.1.4 | Princípio da Moralidade e Probidade Administrativa

Segundo este princípio, a Administração na edição de seus procedimentos licitatórios não pode se pautar por critérios outros que não aqueles tendentes a realizar o interesse público, sustentado por padrões éticos e de zelo para com o erário público.

6.1.5 | Princípio da Igualdade

Todos os interessados em contratar com a Administração devem ter iguais chances de participação no conclave licitatório.

6.1.6 | Princípio da Publicidade

Pelo princípio da publicidade fica a Administração obrigada a divulgar não somente a licitação propriamente dita, como também todos os atos inseridos no contexto do procedimento licitatório.

6.1.7 | Princípio da Vinculação ao Instrumento Convocatório

Segundo o princípio da vinculação, nem licitante nem Administração podem se afastar das regras estabelecidas no instrumento convocatório.

6.1.8 | Princípio da Adjudicação Compulsória

Conforme o princípio da adjudicação compulsória, a Administração deverá declarar vencedor do certame aquele que ofertou a proposta verdadeiramente vantajosa.

Em outro giro, o referido princípio veda que a Administração adjudique o objeto da licitação para outro licitante que não seja aquele classificado em primeiro lugar com a proposta mais vantajosa.

6.2 | O QUE DEVE SER LICITADO E QUEM DEVE LICITAR

As obras, serviços, inclusive de publicidade, compras, alienações, concessões, permissões e locações da Administração Pública, quando contratadas com terceiros, deverão ser objeto de procedimento licitatório, obrigatoriamente instaurado pelos órgãos da administração direta, os fundos especiais, as autarquias, as fundações públicas, as empresas públicas, as sociedades de economia mista e demais entidades controladas direta ou indiretamente pela União, Estados, Distrito Federal e Municípios.

6.3 | MODALIDADES DE LICITAÇÃO

6.3.1 | Concorrência

É a modalidade de licitação entre quaisquer interessados que, na fase inicial de habilitação preliminar, comprovem possuir os requisitos mínimos de qualificação exigidos no edital para execução de seu objeto.

Vale ressaltar que a concorrência é a modalidade mais ampla de licitação, pois se permite a participação de qualquer interessado e a contratação da obra, serviço ou mercadoria é de um grande valor.

A concorrência é também obrigatória, independentemente de valor, nas compras ou alienações de bens imóveis e na concessão de direito real de uso.

6.3.2 | Tomada de Preços

É a modalidade de licitação entre interessados devidamente cadastrados ou que atenderem a todas as condições exigidas para cadastramento até o terceiro dia anterior à data do recebimento das propostas, observada a necessária qualificação.

Observando a modalidade, temos que a tomada de preços permite a participação de licitantes que possuem o cadastro (CRC – Certificado de Registro Cadastral) ou daqueles que não possuem o cadastro, porém preenchem os requisitos para cadastramento em até 03 (três) dias antes da licitação. O valor da contratação na tomada de preço é intermediário, pois não é uma grande contratação como na concorrência, nem uma pequena contratação como ocorre no convite.

6.3.3 | Convite

É a modalidade de licitação em que a Administração convida, no mínimo, 03 (três) empresas para participar do conclave com antecedência mínima de 05 (cinco) dias.

No convite ocorrem pequenas contratações, permitindo-se a participação de licitantes não convidados desde que peçam a emissão do convite em até 24h (vinte e quatro horas) antes do conclave e apresentem o seu cadastro (CRC – Certificado de Registro Cadastral), sendo que o referido cadastro apenas é exigido para os licitantes não convidados, não estando obrigados a apresentá-lo aos licitantes já convidados.

Dentre as modalidades de licitação, a única em que a Administração não está obrigada a publicar o edital na Imprensa Oficial é o convite, porém, afixará, em local apropriado, cópia do instrumento convocatório para o cumprimento do princípio da publicidade.

6.3.4 | Concurso

É a modalidade de licitação entre quaisquer interessados para escolha de trabalho técnico, científico ou artístico, mediante a instituição de prêmios ou remuneração aos vencedores, conforme critérios constantes de edital publicado na Imprensa Oficial com antecedência mínima de 45 (quarenta e cinco) dias.

No concurso a Administração não contrata nenhum serviço, simplesmente escolhe um trabalho para premiar o vencedor. Em verdade, o concurso é um incentivo cultural.

6.3.5 | Leilão

É a modalidade de licitação entre quaisquer interessados para a venda de bens móveis inservíveis para a Administração ou de produtos legalmente apreendidos ou penhorados a quem oferecer o maior lance, igual ou superior ao valor da avaliação.

No leilão ainda poderão ser alienados os bens imóveis provenientes de processo judicial de retomada (art. 19, inciso III da Lei Federal 8.666/93) como é o caso da Caixa Econômica Federal, que vende os bens imóveis provenientes de retomada judicial por não pagamento do financiamento imobiliário.

6.3.6 | Pregão

É a modalidade de licitação regulada na Lei nº 10.520/02 para aquisição de bens e serviços comuns, qualquer que seja o valor estimado da contratação, em que a disputa pelo fornecimento é feita por meio de propostas e lances em sessão pública.

Os bens e serviços comuns são aqueles cujos padrões de desempenho e qualidade possam ser objetivamente definidos pelo edital, por meio de especificações usuais no mercado.

Esta modalidade de licitação inverte o procedimento licitatório. Diferentemente das outras modalidades, a primeira fase é o da abertura das propostas comerciais proclamando-se as ofertas de preços dos licitantes, admitindo-se, a partir daí, lances verbais sucessivos a serem feitos pelo licitante partícipe que cotou o menor preço e por aqueles que tenham apresentado preços até 10% acima do menor. Quando não existirem propostas de até 10% do menor preço, poderão participar dos lances verbais os 3 (três) primeiros licitantes que ofertaram o menor preço.

O licitante que ofertar o menor preço, após os lances verbais, terá o seu envelope de documentação aberto, sendo declarado vencedor do certame na hipótese da documentação encontrar-se formalmente em ordem. Em caso contrário será aberto o envelope da documentação do segundo melhor classificado e assim sucessivamente.

Na Administração Pública, o pregão foi criado pela ANATEL (Agência Nacional de Telecomunicações), em 1998. As agências reguladoras possuem autonomia para efetuar sua regulamentação nos processos licitatórios, desde que não firam os princípios constitucionais.

Não podemos esquecer que atualmente a Administração vem dando preferência para realizar o pregão em sua forma eletrônica.

Em verdade, o pregão eletrônico foi criado visando, basicamente, a aumentar a quantidade de participantes e baratear o processo licitatório.

É uma forma que amplia a disputa e a competitividade, permitindo a participação de várias empresas de diversos estados, na medida em que dispensa a presença dos licitantes na repartição pública. O Pregão de forma eletrônica torna-se uma modalidade ágil, transparente e que possibilita uma negociação eficaz entre os licitantes, cumprindo-se, assim, os princípios inerentes ao procedimento licitatório.

Ademais, o Pregão Eletrônico tornou mais eficiente e barato o processo licitatório, tendo simplificado significativamente muitas das etapas mais burocráticas que tornavam morosa a contratação com o Poder Público.

6.4 | TIPOS DE LICITAÇÃO

Os tipos de licitação estão previstos no art. 45, § 1º da lei de licitações, e se relacionam com o critério a ser utilizado para classificação das propostas em uma licitação. São eles: **menor preço, melhor técnica, técnica e preço, maior lance ou oferta.**

Os três primeiros critérios de julgamento, ou seja, o menor preço, a melhor técnica ou a técnica e preços, são utilizados quando a Administração deseja realizar contratações e aquisições em geral. Já o último critério, qual seja, a maior oferta ou melhor lance, é um tipo de licitação utilizado nas licitações de vendas, como, por exemplo, na modalidade do leilão, em que a Administração vende, via de regra, seus bens móveis inservíveis ou legalmente apreendidos.

6.5 | FASES DA LICITAÇÃO

Via de regra a licitação ocorre em duas fases, uma interna e outra externa.

6.5.1 | Fase Interna

A fase interna da licitação contempla, em linhas gerais, os seguintes elementos:

- Definição do objeto – o objeto deve ser definido sem direcionamento ou indicação de marca;
- Estimativa de seu custo – deverá ser realizada uma ampla pesquisa de mercado;
- Reserva de recursos orçamentários;
- Elaboração do edital;
- Exame do edital pela Assessoria Jurídica;
- Autorização para licitar pela autoridade superior.

6.5.2 | Fase Externa

A fase externa das modalidades previstas na Lei n° 8.666/93 compreende os seguintes atos:

6.5.2.1 | Publicação, Impugnação e Representação do edital

Edital ilegal, falho, omisso, impreciso é edital ilegal e pode/deve ser alvo de impugnação.

- Prazo para o licitante impugnar o edital: até dois dias úteis antes da licitação;
- Prazo para o cidadão impugnar o edital: até cinco dias úteis antes da licitação.

A Representação da Licitação no Tribunal de Contas poderá ser feita pelo licitante ou por qualquer cidadão, no prazo da impugnação.

6.5.2.2 | Habilitação, Classificação e Recursos Administrativos

A **habilitação** é o ato administrativo vinculado mediante o qual a comissão de licitação confirma no procedimento da licitação os participantes aptos nos termos do edital. É a fase em que se verifica a capacidade e a idoneidade do participante para contratar com a Administração Pública

A **classificação** é a fase em que se classificam as propostas apresentadas pelos licitantes, da mais vantajosa a menos vantajosa. Nesta fase se encerra o trabalho da comissão de licitação

O procedimento relativo à fase de habilitação e classificação das propostas, em apertada síntese, compreende:

- Uma vez proferida a decisão relativa à fase de habilitação cabe recurso administrativo contados da intimação da decisão;
- Interposto o recurso administrativo a Comissão deverá intimar os demais licitantes abrindo prazo para impugnações quanto ao recurso apresentado;
- Após o decurso do prazo de impugnação a comissão terá o mesmo prazo para proferir a sua decisão;
- Na hipótese de reforma da decisão, a Comissão poderá passar à fase seguinte – julgamento das propostas. Na hipótese de mantença da decisão, a Comissão deverá encaminhar o processo à autoridade superior para decidir definitivamente a questão;
- Superada a questão dos recursos administrativos, serão abertos os envelopes da proposta comercial das empresas inabilitadas e, após examinado o seu conteúdo, à luz do edital, a Comissão de licitações deverá classificar os licitantes por ordem crescente de preços, proferindo a sua decisão quanto aos licitantes desclassificados e quanto ao vencedor do certame;
- A seguir será aberto novo prazo de recurso administrativo, seguindo-se o mesmo procedimento adotado no caso da inabilitação já explicado nos parágrafos anteriores deste tópico;
- Os prazos dos recursos administrativos são: 5 (cinco) dias úteis para a concorrência e tomada de preços e 2 (dois) dias úteis para o convite.

6.5.2.3 | Homologação e adjudicação da licitação

A **homologação** é o ato que expressa concordância da autoridade superior com o trabalho da Comissão. A **adjudicação** é a atribuição do objeto da licitação ao licitante vencedor.

6.5.2.4 | Anulação e revogação da licitação

Anula-se por questões de ilegitimidade e revoga-se por questões de interesse público de forma justificada. O ato de anulação ou revogação deverá ser necessariamente precedido de contraditório e ampla defesa, nos termos do art. 49, § 3º da Lei nº 8.666/93.

6.6 | O PROCEDIMENTO DA LICITAÇÃO NA MODALIDADE DE PREGÃO

A licitação na modalidade de pregão foi instituída por Medida Provisória, atualmente convertida na Lei nº 10.520/02, regulada na União pelo Decreto Federal 3.555/00.

O pregão, conhecido também como leilão reverso, impõe uma inversão das fases licitatórias. Primeiramente o licitante é classificado e depois habilitado.

Vale registrar que, para o pregão, aplicam-se subsidiariamente, no que couber, as disposições da Lei nº 8.666/93, logo, a fase interna do pregão será conforme disposto na referida lei e já explanado no item 5.5.1.

Em síntese, o procedimento do pregão implica:

a) Credenciamento do licitante proponente, comprovando a existência de poderes para dar lances verbais, bem como interpor e desistir de recursos administrativos;

b) Juntamente com o credenciamento deverá ser entregue outro documento, em que o licitante declara que cumpre plenamente os requisitos de habilitação e

entregará os envelopes contendo a indicação do objeto e do preço oferecido;
c) Abertura das propostas comerciais e classificação, em caráter preliminar, da proposta de menor preço e daqueles que tenham apresentado propostas em valores sucessivos e superiores em até dez por cento, relativamente à de menor preço;
d) Na hipótese de inexistência de propostas no intervalo de 10%, o pregoeiro classificará as melhores propostas subsequentes ao valor daquela de menor preço, até o máximo de três;
e) Em seguida iniciar-se-á os lances verbais, a partir do autor da proposta classificada como a de maior preço e assim sucessivamente;
f) A desistência em apresentar lance verbal implicará exclusão do licitante da etapa de lances verbais e na manutenção do último preço apresentado;
g) Uma vez decidido por aceito o menor preço proposto passa-se à fase de habilitação. Constado o atendimento das exigências fixadas no edital, o licitante será declarado vencedor, sendo-lhe adjudicado o objeto do pregão.

6.7 | EXCLUDENTES DA LICITAÇÃO

A licitação é regra inafastável para a contratação de obras, serviços, compras e alienações promovidas pelo Poder Público, ressalvadas as hipóteses previstas de licitação dispensada, dispensável e inexigível, a saber:

6.7.1 | Licitação dispensada

A licitação dispensada é aquela que a própria lei declarou-a como tal. Vem disposta no art. 17, incisos I e II da Lei nº 8.666/93, a saber:

Art. 17. A alienação de bens da Administração Pública, subordinada à existência de interesse público devidamente justificado, será precedida de avaliação e obedecerá às seguintes normas:

I – Quando imóveis, dependerá de autorização legislativa para órgãos da administração direta e entidades autárquicas e fundacionais, e, para todos, inclusive as entidades paraestatais, dependerá de avaliação prévia e de licitação na modalidade de concorrência, dispensada esta nos seguintes casos:
a) Dação em pagamento;
b) Doação, permitida exclusivamente para outro órgão ou entidade da Administração Pública, de qualquer esfera de governo;
c) Permuta, por outro imóvel que atenda aos requisitos constantes do inciso X do art. 24 desta Lei;
d) Investidura;
e) Venda a outro órgão ou entidade da administração pública, de qualquer esfera de governo; (Incluída pela Lei nº 8.883, de 1994)
f) Alienação, concessão de direito real de uso, locação ou permissão de uso de bens imóveis construídos e destinados ou efetivamente utilizados no âmbito de programas habitacionais de interesse social, por órgãos ou entidades da administração pública especificamente criados para esse fim; (Incluída pela Lei nº 8.883, de 1994) (Vide Medida Provisória nº 292, de 2006)
g) Procedimentos de legitimação de posse de que trata o art. 29 da Lei nº 6.383, de 07 de

dezembro de 1976, mediante iniciativa e deliberação dos órgãos da Administração Pública em cuja competência legal inclua-se tal atribuição; (Incluído pela Lei nº 11.196, de 2005)

II – *Quando móveis, dependerá de avaliação prévia e de licitação, dispensada esta nos seguintes casos:*
a) Doação, permitida exclusivamente para fins e uso de interesse social, após avaliação de sua oportunidade e conveniência socioeconômica, relativamente à escolha de outra forma de alienação;
b) Permuta, permitida exclusivamente entre órgãos ou entidades da Administração Pública;
c) Venda de ações, que poderão ser negociadas em bolsa, observada a legislação específica;
d) Venda de títulos, na forma da legislação pertinente;
e) Venda de bens produzidos ou comercializados por órgãos ou entidades da Administração Pública, em virtude de suas finalidades;
f) Venda de materiais e equipamentos para outros órgãos ou entidades da Administração Pública, sem utilização previsível por quem deles dispõe.

§ 1º. *Os imóveis doados com base na alínea "b" do inciso I deste artigo, cessadas as razões que justificaram a sua doação, reverterão ao patrimônio da pessoa jurídica doadora, vedada a sua alienação pelo beneficiário.*

§ 2º. *A Administração também poderá conceder título de propriedade ou de direito real de uso de imóveis, dispensada licitação, quando o uso destinar-se:* (Redação dada pela Lei nº 11.196, de 2005)
I – *A outro órgão ou entidade da Administração Pública, qualquer que seja a localização do imóvel;* (Incluído pela Lei nº 11.196, de 2005)
II – *A pessoa física que, nos termos de lei, regulamento ou ato normativo do órgão competente, haja implementado os requisitos mínimos de cultura e moradia sobre área rural situada na região da Amazônia Legal, definida no art. 2º da Lei nº 5.173, de 27 de outubro de 1966, superior à legalmente passível de legitimação de posse referida na alínea g do inciso I do caput deste artigo, atendidos os limites de área definidos por ato normativo do Poder Executivo.* (Incluído pela Lei nº 11.196, de 2005) (Regulamento)

§ 2º-A. *As hipóteses da alínea g do inciso I do caput e do inciso II do § 2º deste artigo ficam dispensadas de autorização legislativa, porém submetem-se aos seguintes condicionamentos:* (Incluído pela Lei nº 11.196, de 2005)
I – *Aplicação exclusivamente às áreas em que a detenção por particular seja comprovadamente anterior a 1º de dezembro de 2004;* (Incluído pela Lei nº 11.196, de 2005)
II – *Submissão aos demais requisitos e impedimentos do regime legal e administrativo da destinação e da regularização fundiária de terras públicas;* (Incluído pela Lei nº 11.196, de 2005)

III – *Vedação de concessões para hipóteses de exploração não contempladas na lei agrária, nas leis de destinação de terras públicas, ou nas normas legais ou administrativas de zoneamento ecológico-econômico; e* (Incluído pela Lei nº 11.196, de 2005)
IV – *Previsão de rescisão automática da concessão, dispensada notificação, em caso de declaração de utilidade, necessidade pública ou interesse social.* (Incluído pela Lei nº 11.196, de 2005)

§ 2º-B. A hipótese do inciso II do § 2º deste artigo: (Incluído pela Lei nº 11.196, de 2005)
I – *Só se aplica a imóvel situado em zona rural, não sujeito a vedação, impedimento ou inconveniente a sua exploração mediante atividades agropecuárias;* (Incluído pela Lei nº 11.196, de 2005)
II – *Fica limitada a áreas de até 500* (quinhentos) hectares, vedada a dispensa de licitação para áreas superiores a esse limite; e (Incluído pela Lei nº 11.196, de 2005)
III – *Pode ser cumulada com o quantitativo de área decorrente da figura prevista na alínea g do inciso I do* caput *deste artigo, até o limite previsto no inciso II deste parágrafo.* (Incluído pela Lei nº 11.196, de 2005)

§ 3º. Entende-se por investidura, para os fins desta lei: (Redação dada pela Lei nº 9.648, de 1998)
I – *A alienação aos proprietários de imóveis lindeiros de área remanescente ou resultante de obra pública, área esta que se tornar ina-*

proveitável isoladamente, por preço nunca inferior ao da avaliação e desde que esse não ultrapasse a 50% (cinquenta porcento) do valor constante da alínea "a" do inciso II do art. 23 desta lei; (Incluído pela Lei nº 9.648, de 1998)
II – A alienação, aos legítimos possuidores diretos ou, na falta destes, ao Poder Público, de imóveis para fins residenciais construídos em núcleos urbanos anexos a usinas hidrelétricas, desde que considerados dispensáveis na fase de operação dessas unidades e não integrem a categoria de bens reversíveis ao final da concessão. (Incluído pela Lei nº 9.648, de 1998)

§ 4º. A doação com encargo será licitada e de seu instrumento constarão, obrigatoriamente, os encargos, o prazo de seu cumprimento e cláusula de reversão, sob pena de nulidade do ato, sendo dispensada a licitação no caso de interesse público devidamente justificado; (Redação dada pela Lei nº 8.883, de 1994)

§ 5º. Na hipótese do parágrafo anterior, caso o donatário necessite oferecer o imóvel em garantia de financiamento, a cláusula de reversão e demais obrigações serão garantidas por hipoteca em segundo grau em favor do doador. (Incluído pela Lei nº 8.883, de 1994)

§ 6º. Para a venda de bens móveis avaliados, isolada ou globalmente, em quantia não superior ao limite previsto no art. 23, inciso II, alínea "b" desta Lei, a Administração poderá permitir o leilão. (Incluído pela Lei nº 8.883, de 1994)

6.7.2 | Licitação dispensável

A licitação dispensável é aquela que a Administração pode dispensar se assim lhe convier e encontra-se estatuída no art. 24 da Lei nº 8.666/93, a saber:

Art. 24. É dispensável a licitação:

I – para obras e serviços de engenharia de valor até 10% (dez porcento) do limite previsto na alínea "a", do inciso I do artigo anterior, desde que não se refiram a parcelas de uma mesma obra ou serviço ou ainda para obras e serviços da mesma natureza e no mesmo local que possam ser realizadas conjunta e concomitantemente; (Redação dada pela Lei nº 9.648, de 1998)
II – para outros serviços e compras de valor até 10% (dez porcento) do limite previsto na alínea "a", do inciso II do artigo anterior e para alienações, nos casos previstos nesta Lei, desde que não se refiram a parcelas de um mesmo serviço, compra ou alienação de maior vulto que possa ser realizada de uma só vez; (Redação dada pela Lei nº 9.648, de 1998)
III – nos casos de guerra ou grave perturbação da ordem;
IV – nos casos de emergência ou de calamidade pública, quando caracterizada urgência de atendimento de situação que possa ocasionar prejuízo ou comprometer a segurança de pessoas, obras, serviços, equipamentos e outros bens, públicos ou particulares, e somente para os bens necessários ao atendimento da situação emergencial ou calamitosa e para as parcelas de obras e serviços que possam ser concluídas

no prazo máximo de 180 (cento e oitenta) dias consecutivos e ininterruptos, contados da ocorrência da emergência ou calamidade, vedada a prorrogação dos respectivos contratos;
***V** – quando não acudirem interessados à licitação anterior e esta, justificadamente, não puder ser repetida sem prejuízo para a Administração, mantidas, neste caso, todas as condições preestabelecidas;*
***VI** – quando a União tiver que intervir no domínio econômico para regular preços ou normalizar o abastecimento;*
***VII** – quando as propostas apresentadas consignarem preços manifestamente superiores aos praticados no mercado nacional, ou forem incompatíveis com os fixados pelos órgãos oficiais competentes, casos em que, observado o parágrafo único do art. 48 desta Lei e, persistindo a situação, será admitida a adjudicação direta dos bens ou serviços, por valor não superior ao constante do registro de preços, ou dos serviços;* (Vide § 3º do art. 48)
***VIII** – para a aquisição, por pessoa jurídica de direito público interno, de bens produzidos ou serviços prestados por órgão ou entidade que integre a Administração Pública e que tenha sido criado para esse fim específico em data anterior à vigência desta Lei, desde que o preço contratado seja compatível com o praticado no mercado;* (Redação dada pela Lei nº 8.883, de 1994)
***IX** – quando houver possibilidade de comprometimento da segurança nacional, nos casos estabelecidos em decreto do Presidente da República, ouvido o Conselho de Defesa Nacional;*

X – *para a compra ou locação de imóvel destinado ao atendimento das finalidades precípuas da administração, cujas necessidades de instalação e localização condicionem a sua escolha, desde que o preço seja compatível com o valor de mercado, segundo avaliação prévia;* (Redação dada pela Lei nº 8.883, de 1994)

XI – *na contratação de remanescente de obra, serviço ou fornecimento, em consequência de rescisão contratual, desde que atendida a ordem de classificação da licitação anterior e aceitas as mesmas condições oferecidas pelo licitante vencedor, inclusive quanto ao preço, devidamente corrigido;*

XII – *nas compras de hortifrutigranjeiros, pão e outros gêneros perecíveis, no tempo necessário para a realização dos processos licitatórios correspondentes, realizadas diretamente com base no preço do dia;* (Redação dada pela Lei nº 8.883, de 1994)

XIII – *na contratação de instituição brasileira incumbida regimental ou estatutariamente da pesquisa, do ensino ou do desenvolvimento institucional, ou de instituição dedicada à recuperação social do preso, desde que a contratada detenha inquestionável reputação ético-profissional e não tenha fins lucrativos;* (Redação dada pela Lei nº 8.883, de 1994)

XIV – *para a aquisição de bens ou serviços nos termos de acordo internacional específico aprovado pelo Congresso Nacional, quando as condições ofertadas forem manifestamente vantajosas para o Poder Público;* (Redação dada pela Lei nº 8.883, de 1994)

XV – para a aquisição ou restauração de obras de arte e objetos históricos, de autenticidade certificada, desde que compatíveis ou inerentes às finalidades do órgão ou entidade.

XVI – para a impressão dos diários oficiais, de formulários padronizados de uso da administração, e de edições técnicas oficiais, bem como para prestação de serviços de informática a pessoa jurídica de direito público interno, por órgãos ou entidades que integrem a Administração Pública, criados para esse fim específico; (Incluído pela Lei nº 8.883, de 1994)

XVII – para a aquisição de componentes ou peças de origem nacional ou estrangeira, necessários à manutenção de equipamentos durante o período de garantia técnica, junto ao fornecedor original desses equipamentos, quando tal condição de exclusividade for indispensável para a vigência da garantia; (Incluído pela Lei nº 8.883, de 1994)

XVIII – nas compras ou contratações de serviços para o abastecimento de navios, embarcações, unidades aéreas ou tropas e seus meios de deslocamento quando em estada eventual de curta duração em portos, aeroportos ou localidades diferentes de suas sedes, por motivo de movimentação operacional ou de adestramento, quando a exiguidade dos prazos legais puder comprometer a normalidade e os propósitos das operações e desde que seu valor não exceda ao limite previsto na alínea "a" do inciso II do art. 23 desta Lei; (Incluído pela Lei nº 8.883, de 1994)

XIX – *para as compras de material de uso pelas Forças Armadas, com exceção de materiais de uso pessoal e administrativo, quando houver necessidade de manter a padronização requerida pela estrutura de apoio logístico dos meios navais, aéreos e terrestres, mediante parecer de comissão instituída por decreto;* (Incluído pela Lei nº 8.883, de 1994)

XX – *na contratação de associação de portadores de deficiência física, sem fins lucrativos e de comprovada idoneidade, por órgãos ou entidades da Administração Pública, para a prestação de serviços ou fornecimento de mão de obra, desde que o preço contratado seja compatível com o praticado no mercado.* (Incluído pela Lei nº 8.883, de 1994)

XXI – *para a aquisição de bens destinados exclusivamente à pesquisa científica e tecnológica com recursos concedidos pela CAPES, FINEP, CNPq ou outras instituições de fomento à pesquisa credenciadas pelo CNPq para esse fim específico.* (Incluído pela Lei nº 9.648, de 1998)

XXII – *na contratação de fornecimento ou suprimento de energia elétrica e gás natural com concessionário, permissionário ou autorizado, segundo as normas da legislação específica;* (Incluído pela Lei nº 9.648, de 1998)

XXIII – *na contratação realizada por empresa pública ou sociedade de economia mista com suas subsidiárias e controladas, para a aquisição ou alienação de bens, prestação ou obtenção de serviços, desde que o preço contratado seja compatível com o praticado no mercado.* (Incluído pela Lei nº 9.648, de 1998)

XXIV *– para a celebração de contratos de prestação de serviços com as organizações sociais, qualificadas no âmbito das respectivas esferas de governo, para atividades contempladas no contrato de gestão.* (Incluído pela Lei nº 9.648, de 1998)

XXV *– na contratação realizada por Instituição Científica e Tecnológica – ICT ou por agência de fomento para a transferência de tecnologia e para o licenciamento de direito de uso ou de exploração de criação protegida.* (Incluído pela Lei nº 10.973, de 2004)

XXVI *– na celebração de contrato de programa com ente da Federação ou com entidade de sua administração indireta, para a prestação de serviços públicos de forma associada nos termos do autorizado em contrato de consórcio público ou em convênio de cooperação.* (Incluído pela Lei nº 11.107, de 2005)

XXVII *– na contratação da coleta, processamento e comercialização de resíduos sólidos urbanos recicláveis ou reutilizáveis, em áreas com sistema de coleta seletiva de lixo, efetuados por associações ou cooperativas formadas exclusivamente por pessoas físicas de baixa renda reconhecidas pelo poder público como catadores de materiais recicláveis, com o uso de equipamentos compatíveis com as normas técnicas, ambientais e de saúde pública.* (Redação dada pela Lei nº 11.445, de 2007)

XXVIII *– para o fornecimento de bens e serviços produzidos ou prestados no País, que envolvam, cumulativamente, alta complexidade tecnológica e defesa nacional, mediante* *parecer de comissão especialmente designada pela autoridade máxima do órgão.* (Incluído pela Lei nº 11.484, de 2007)

XXIX – *na aquisição de bens e contratação de serviços para atender aos contingentes militares das Forças Singulares brasileiras empregadas em operações de paz no exterior, necessariamente justificadas quanto ao preço e à escolha do fornecedor ou executante e ratificadas pelo Comandante da Força.* (Incluído pela Lei nº 11.783, de 2008)

XXX – *na contratação de instituição ou organização, pública ou privada, com ou sem fins lucrativos, para a prestação de serviços de assistência técnica e extensão rural no âmbito do Programa Nacional de Assistência Técnica e Extensão Rural na Agricultura Familiar e na Reforma Agrária, instituído por lei federal.* (Incluído pela Lei nº 12.188, de 2.010)

XXXI – *nas contratações visando ao cumprimento do disposto nos arts. 3º, 4º, 5º e 20º da Lei nº 10.973, de 2 de dezembro de 2004, observados os princípios gerais de contratação dela constantes.* (Incluído pela Lei nº 12.349, de 2010)

Parágrafo único. *Os percentuais referidos nos incisos I e II do* caput *deste artigo serão 20% (vinte porcento) para compras, obras e serviços contratados por consórcios públicos, sociedade de economia mista, empresa pública e por autarquia ou fundação qualificadas, na forma da lei, como Agências Executivas.* (Redação dada pela Lei nº 11.107, de 2005)

6.7.3 | Inexigibilidade de licitação

A inexigibilidade de licitação disciplinada no art. 25 da Lei de Licitações tem como condicionante a ausência de competição. Qualquer situação, independentemente de expressa previsão legal, que caracterize a inviabilidade de competição, pode afastar a licitação e, consequentemente, ensejar a contratação direta. As hipóteses de inexigibilidade de licitação são:

- Fornecedor Exclusivo, sendo vedada a preferência por marca, (inciso I, do art. 25);
- Notória Especialização (inciso II, do art. 25);
- Contratação de profissional de qualquer setor artístico, diretamente ou por meio de empresário exclusivo, desde que consagrado pela crítica especializada ou pela opinião pública, (inciso III, do art. 25).

7 | CONTRATO ADMINISTRATIVO

Contrato administrativo é o ajuste que a Administração Pública firma com particular ou outra entidade administrativa para a consecução de objetivos de interesse público, nas condições estabelecidas pela própria Administração.

7.1 | CARACTERÍSTICAS DO CONTRATO ADMINISTRATIVO

▶ **Presença da Administração como Poder Público** – A Administração Pública aparece na relação jurídica não como particular, mas sim no exercício de suas prerrogativas públicas, gozando de privilégios advindos do regime jurídico administrativo.

▶ **Finalidade pública** – Qualquer alteração nas condições contratuais deve obedecer e percorrer ao interesse público.

- **Obediência à forma prescrita em lei** – Contrato administrativo deve ter a forma sempre escrita, sob pena de nulidade.
- **Procedimento legal para a celebração** – Em regra, o contrato administrativo prescinde de licitação. No entanto, nem toda licitação acarreta a celebração de um contrato, porém pode existir contrato administrativo sem que tenha ocorrido licitação.
- **Natureza de contrato de adesão** – Administração Pública fixa unilateralmente as cláusulas contratuais.
- **Natureza *intuito personae*** – Os contratos são firmados em função das condições pessoais do contratado.
- **Cláusulas Exorbitantes** – Cláusulas que exorbitam o direito comum e que não são admissíveis em um contrato de direito privado e, caso admitidas, o contrato privado será nulo de pleno direito.
- **Mutabilidade** – O particular não está protegido pela imutabilidade do contrato administrativo, pois a Administração poderá alterá-lo unilateralmente.

7.2 | CLÁUSULAS EXORBITANTES

Na conceituação de Hely Lopes Meirelles as cláusulas exorbitantes são *"as que excedem do Direito Comum para consignar uma vantagem ou uma restrição à Administração ou ao contratado"*. As principais cláusulas exorbitantes são: a possibilidade de alteração e rescisão unilateral do contrato, o equilíbrio econômico e financeiro, a revisão de preços e tarifas, a não alegação da exceção de contrato não cumprido, o controle do contrato e a aplicação de penalidades contratuais.

7.2.1 | Alteração Unilateral

Decorre do princípio da mutabilidade, em que o particular não está protegido pela imutabilidade do contrato administrativo, pois a Administração poderá alterá-lo unilateralmente dentro dos limites e na forma expressa em lei.

Os limites da alteração unilateral previstos na lei de licitações e contratos são:

- Até 25% (vinte e cinco porcento) do valor do contrato para acréscimos ou supressões que se fizerem nas obras, serviços ou compras;
- Até 50% (cinquenta porcento) do valor do contrato para acréscimos ou supressões em caso de reforma de edifício ou de equipamento.

Nenhum acréscimo ou supressão poderá exceder os limites estabelecidos na lei, salvo as supressões resultantes de acordo celebrados entre os contratantes.

7.2.2 | Rescisão Unilateral

O contrato administrativo poderá ser rescindido pela Administração em razão dos seguintes motivos:

- **Por culpa do contratado** – Neste caso, em face de reiteradas faltas do contratado, cumprimento inexato de suas obrigações ou mesmo abandono das obras ou serviços, deve a Administração, de forma unilateral, rescindir o contrato administrativo. Todavia, o contratado deverá ser notificado dos motivos que estão levando a Administração a rescindir o contrato, sendo garantido o contraditório e a ampla defesa antes da decisão final.
- **Por motivo de interesse público** – Nesta hipótese não há que se falar em inadimplência do contratado, mas sim

em conveniência e oportunidade da Administração. Se por alguma razão o contrato celebrado não mais atender ao interesse público, este deverá ser rescindido, assegurado o contraditório e ampla defesa, devendo a Administração indenizar o contratado.

7.2.3 | Equilíbrio Econômico e Financeiro

É a relação estabelecida inicialmente pelas partes entre os encargos do contrato e a retribuição da Administração para a justa remuneração do objeto do ajuste.

O equilíbrio financeiro do contrato deve ser mantido durante toda a execução do contrato. Nesse passo, a Administração Pública ao gozar de seu direito de alterar unilateralmente um contrato administrativo, não pode ferir o direito do contratado no que diz respeito à mantença da equação econômica e financeira originariamente estabelecida, devendo promover a necessária revisão de preços.

7.2.4 | Não alegação da exceção do contrato não cumprido

Conforme a regra estatuída pelo art. 1092 do Código Civil Brasileiro, no direito privado, quando uma das partes descumpre o contrato, a outra também pode descumpri-lo. Todavia, as normas de direito administrativo impedem que o particular possa interromper a execução do contrato, em face de inadimplência da Administração, por força do princípio da continuidade do serviço público e da supremacia do interesse público sobre o particular.

Via de regra, quando a Administração descumpre a cláusula de pagamento, deve o particular requerer administrativamente ou judicialmente a rescisão do contrato, cumulada com indenização por perdas e danos, porém tal medida apenas poderá ser requerida quando o particular estiver mais de 90 (noventa) dias sem receber da Administração.

7.2.5 | Reajuste de preços ou tarifas

O reajuste de preços ou tarifas é uma medida acordada entre as partes para evitar o rompimento do equilíbrio econômico e financeiro do contrato.

O que justifica o reajustamento de preços ou tarifas são as elevações de mercado, a desvalorização da moeda ou o aumento geral do trabalho durante a execução contratual.

Quando o contratado estiver em prejuízo a Administração deve proceder a majoração do *preço* originariamente previsto para a remuneração de um contratado de obra, serviço ou fornecimento ou proceder a majoração da *tarifa* inicialmente fixada para pagamento dos serviços públicos.

Não podemos olvidar que o reajustamento de preços ou tarifas é uma cláusula contratual autorizada por lei para corrigir os efeitos ruinosos da inflação do País.

7.2.6 | Controle do contrato

O controle do contrato é uma das prerrogativas inerentes à Administração e implícita em toda contratação pública, pouco importando a sua previsão como cláusula expressa do contrato.

Diante da cláusula do controle do contrato a Administração possui a prerrogativa de controlar os seus contratos adequando-os às exigências do momento, supervisionando, acompanhando e fiscalizando a sua execução, podendo até mesmo intervir se for o caso.

Nesse sentido, na hipótese de retardamento ou paralisação da execução do contrato a intervenção será perfeitamente possível, podendo a Administração assumir provisória ou definitivamente a execução contratual, apropriando-se dos materiais, do pessoal e dos equipamentos do contratado, indenizando-o posteriormente. A retomada do serviço pela Administração, em caso de paralisação ou retardamento da execução contratual por parte do contratado, se dá por conta do princípio da continuidade do serviço público.

7.2.7 | Aplicação de penalidades contratuais

Outra prerrogativa inerente à Administração e decorrente da cláusula do controle do contrato é a aplicação de penalidades, pois seria inútil a Administração controlar o contrato sem poder aplicar penalidades.

Além da rescisão contratual unilateral que, registra-se, não é uma pena imposta ao contratado, a lei de licitações e contratos administrativos prevê como penalidades a aplicação de multa, advertência, suspensão temporária do direito de licitar ou contratar com a Administração e a declaração de inidoneidade.

O art. 87 da Lei nº 8.666/93 estabelece as sanções que a Administração pode aplicar ao contratado pela inexecução total ou parcial do contrato. Dentre elas, a penalidade mais branda é a advertência prevista no inciso I. Com relação à multa do inciso II, ou seja, a prestação pecuniária imposta ao contratado nos termos do instrumento convocatório ou no contrato, é a única penalidade que poderá ser cumulada com as demais. O inciso III prevê a "suspensão temporária de participação em licitação e impedimento de contratar com a Administração, por prazo não superior a 2 (dois) anos". No inciso IV estabelece a aplicação de sanção ainda mais grave, qual seja: a declaração de inidoneidade para licitar ou contratar com a Administração Pública enquanto perdurarem os motivos determinantes da punição ou até que seja promovida a reabilitação perante a própria autoridade que aplicou a penalidade.

Em verdade, não podemos olvidar que o legislador faz distinção entre Administração e Administração Pública quando se refere à abrangência das respectivas sanções do inciso III e IV. Sendo assim, segundo os referidos dispositivos, o impedimento temporário de participar de licitações está adstrito à Administração, assim entendida, pela definição constante do inciso XII do art. 6º do diploma legal em comento, como sendo o "órgão, entidade ou unidade administrativa pela qual a Administração Pública opera e atua concretamente". De outro lado, a declaração de inidoneidade, por ser de natureza mais grave, estende-se a toda a Administração Pública, definida como sendo o universo de órgãos e entidades da União, dos Estados, do Distrito Federal e dos Municípios (art. 6º, inciso XI).

7.3 | CLÁUSULAS OBRIGATÓRIAS

As cláusulas obrigatórias são aquelas que não podem faltar no contrato, sob pena de nulidade. De um modo geral são consideradas cláusulas obrigatórias aquelas relativas ao objeto e suas especificações, regime de execução, preço e condições de pagamento, critérios de reajustamento e de atualização monetária, prazos de início, execução e entrega do objeto, verba disponível para a contratação, garantias ofertadas, direitos e responsabilidades das partes, rescisão e legislação aplicável.

7.4 | ASPECTOS FORMAIS DO CONTRATO

▸ Como já dito anteriormente, o contrato administrativo deve ter a forma escrita, sob pena de nulidade. O contrato verbal constitui exceção, pelo motivo dos negócios administrativos dependerem de comprovação documental e registro nos órgãos de controle interno. Um exemplo de contrato verbal realizado pela Administração são as chamadas despesas de pronto pagamento, ou seja, as contratações que não

excederem a quatro mil reais poderão ser realizadas de forma verbal;
- A publicação resumida do contrato e de seus aditamentos (com indicação das partes, objeto e valor do ajuste) é obrigatória, sendo condição indispensável de sua eficácia;
- Os contratos administrativos devem ter prazos determinados, ou seja, não existe contrato administrativo com prazo indeterminado;
- O contrato administrativo fica adstrito à vigência dos créditos orçamentários, exceto quando tiver previsão no plano plurianual, quando seu objeto for serviços de natureza continuada (não podendo ultrapassar sessenta meses, admitindo excepcional prorrogação por mais um ano), quando for aluguel de equipamentos de informática (não podendo ultrapassar quarenta e oito meses) e, por fim, nas hipóteses previstas nos incisos IX, XIX, XXVIII e XXXI do art. 24, cujos contratos poderão ter vigência por até 120 (cento e vinte) meses, caso haja interesse da administração; (Incluído pela Lei nº 12.349, de 2010)
- A Administração poderá exigir garantias para celebrar o contrato, não podendo ultrapassar a 5% (cinco porcento) do valor do contrato, salvo no caso de obras, serviços e fornecimento vultoso e de grande complexibilidade técnica e considerável risco, onde poderá ser exigido até 10% do valor do contrato. A escolha da garantia fica a critério do contratado, dentre as modalidades previstas em lei, que são: dinheiro, títulos da dívida pública, seguro garantia e fiança bancária. Ao término do contrato a garantia será devolvida ao contratado, salvo se este incorreu em alguma penalidade de multa, hipótese em que a Administração poderá descontar a multa da garantia prestada.

7.5 | INEXECUÇÃO SEM CULPA (TEORIA DA IMPREVISÃO)

A inexecução sem culpa decorre de atos ou fatos desconhecidos pelas partes, podendo ensejar o retardamento ou o impedimento total da execução contratual. Em razão de serem fatos ou atos estranhos à conduta das partes, não haverá responsabilidade alguma para os contratantes, pois tais eventos consubstanciam-se como causas justificadoras da inexecução do contrato.

Desta feita, a inexecução sem culpa assenta-se na chamada teoria da imprevisão, oriunda da cláusula *rebus sic stantibus*. Por sua vez, a teoria da imprevisão consiste na ocorrência de acontecimentos novos, imprevistos e imprevisíveis supervenientes à celebração do contrato, refletindo sobre a sua economia ou a sua execução, autorizando sua revisão para ajustá-lo às circunstâncias supervenientes, sob pena de rescisão.

Figuram como causas justificadoras da inexecução sem culpa a força maior, o caso fortuito, o fato da administração, o fato do príncipe e a interferência imprevista.

7.5.1 | Força Maior

É o evento humano imprevisível e inevitável que impede a regular execução do contrato por parte do contratado. Exemplo: greve que paralise a fabricação de um produto.

7.5.2 | Caso Fortuito

É o evento da natureza imprevisto e inevitável que impede a regular execução do contrato por parte do contratado. Exemplo: inundação imprevisível, tufões em região não sujeita a tal fenômeno.

7.5.3 | Fato da Administração

É uma ação ou omissão do Poder Público que, incidindo direta e especificamente sobre o contrato, retarda ou impede sua execução. Ex.: Administração deixa de entregar o local da obra ou serviço, ou não providencia as desapropriações necessárias, ou atrasa os pagamentos por longo tempo, ou pratica qualquer ato impeditivo dos trabalhos a cargo da outra parte.

7.5.4 | Fato do Príncipe

É toda determinação estatal, positiva ou negativa, geral, imprevista e imprevisível, que onera substancialmente a execução do contrato administrativo. Exemplo: proibição de importar determinado produto, majoração de imposto.

7.5.5 | Interferências Imprevistas

São ocorrências materiais não cogitadas pelas partes na celebração do contrato, mas que surgem durante a execução dificultando e onerando o prosseguimento e a conclusão dos trabalhos. Exemplo: durante a realização de uma obra pública o contratado descobre um terreno rochoso e não arenoso, impedindo, assim, a execução da obra.

7.6 | FORMAS DE EXTINÇÃO DO CONTRATO

Existem várias formas de extinção do contrato administrativo, são elas:

- **Conclusão do objeto** – Ocorre quando o objeto do contrato for certo e determinado, possuindo começo, meio e fim. Exemplo: construção de um hospital público, com o término da obra extingue-se o contrato.
- **Término do prazo** – Ocorre quando o objeto do contrato consistir em serviços de natureza continuada.
- **Rescisão unilateral por culpa do contratado** – (vide item 6.2.2, Cláusulas Exorbitantes).

- **Rescisão unilateral por motivo de interesse público** – (vide item 6.2.2, Cláusulas Exorbitantes).
- **Rescisão amigável** – Ocorre por mútuo acordo entre as partes. Geralmente ocorre em casos de interesse público e em casos de inadimplência sem culpa do contratado.
- **Rescisão judicial** – Ocorre por provocação da Administração ou do contratado. Todavia, a rescisão judicial é opcional para a Administração, tendo em vista que ela possui competência para realizar a rescisão desejada em sua própria esfera.
- **Rescisão de pleno direito** – É aquela que independe da manifestação de vontade das partes. Exemplo: a morte do contratado (quando este for pessoa física) ou a falência do contratado (em caso de pessoa jurídica).
- **Anulação** – Ocorre quando a Administração Pública verificar a ilegalidade na formalização ou em cláusulas essenciais do contrato. Contrato sem licitação (salvo quando a lei não exigir a licitação) ou formalizado mediante uma licitação fraudada será nulo de pleno direito.

SERVIÇO PÚBLICO

Igualmente a outros temas de direito administrativo, não existe um conceito legal para definir o que vem a ser o serviço público, sendo assim, a doutrina diverge acerca do tema.

Segundo o conceito do Professor Celso Antônio Bandeira de Mello:

> [...] *serviço público é toda atividade de oferecimento de utilidade ou comodidade material fruível diretamente pelos administrados, prestado pelo Estado ou por quem lhe faça as vezes, sob um regime de Direito Público – portanto, consagrador de prerrogativas de supremacia e de restrições especiais – instituído pelo Estado*

em favor dos interesses que houver definido como próprios no sistema normativo.

Para Hely Lopes Meirelles:

> [...] serviço público é todo aquele prestado pela Administração ou por seus delegados, sob as normas e controle estatais, para satisfazer necessidades essenciais ou secundárias da coletividade ou simples conveniências do Estado.

Independentemente de eventuais divergências doutrinárias, é certo que a doutrina coloca a presença do Estado como titular do serviço público. Ademais, o que qualifica o serviço como público é a vontade soberana do Estado.

8.1 | REQUISITOS DO SERVIÇO PÚBLICO

Segundo Hely Lopes Meirelles, os requisitos do serviço público podem ser sintetizados em cinco princípios:

- Princípio da permanência ou continuidade (impõe a continuidade no serviço);
- Princípio da generalidade ou igualdade (impõe serviço igual para todos);
- Princípio da eficiência (exige atualização do serviço);
- Princípio da modicidade (exige tarifas razoáveis); e
- Princípio da cortesia (se traduz em bom tratamento para com o público).

A falta de um desses requisitos impõe à Administração o dever de intervir para regular o funcionamento ou retomar a sua prestação.

8.2 | CLASSIFICAÇÃO DOS SERVIÇOS PÚBLICOS

Os serviços públicos podem ser classificados por diferentes critérios:

8.2.1 | Quanto à essencialidade

▶ **Serviço público** – (Serviço público propriamente dito) É aquele que a Administração presta diretamente à comunidade, por reconhecer sua essencialidade e necessidade para a sobrevivência do grupo social e do próprio Estado. São serviços privativos do Poder Público, e só a Administração pode prestá-los, sem delegação a terceiros. São exemplos desses serviços: os de defesa nacional, os de polícia, os de preservação da saúde pública.

▶ **Serviço de utilidade pública** – É aquele que a Administração, reconhecendo sua conveniência (não essencialidade, nem necessidade) para os membros da coletividade, presta-os diretamente ou permite que sejam prestados por terceiros (concessionários, permissionários ou autorizatários), nas condições regulamentadas e sob o seu controle, mas por conta e risco dos prestadores, mediante remuneração dos usuários. São exemplos: transporte coletivo, energia elétrica, gás, telefone.

8.2.2 | Quanto à finalidade

▶ **Serviços administrativos** – São os que a Administração executa para atender a suas necessidades internas ou preparar outros serviços que serão prestados ao público, tais como os da Imprensa Oficial, das estações experimentais e outros dessa natureza.

▶ **Serviços industriais** – São os que produzem renda para quem os presta, mediante a remuneração (tarifa ou preço público) da utilidade usada ou consumida.

Essa tarifa ou preço público é sempre fixada pelo Poder Público, quer quando o serviço é prestado por seus órgãos ou entidades, quer quando por concessionários, permissionários ou autorizatários. Os serviços industriais, porque consubstanciam atividade econômica, somente podem ser explorados diretamente pelo Estado quando *"necessária aos imperativos da segurança nacional ou a relevante interesse coletivo, conforme definidos em lei"* (art. 173 da CF).

8.2.3 | Quanto aos seus destinatários

▶ **Serviços *"uti universi"* ou gerais** – São aqueles que a Administração presta sem ter usuários determinados, para atender à coletividade no seu todo, como os de polícia, iluminação pública, calçamento e outros da espécie. Tais serviços satisfazem indiscriminadamente a população, sem que se erijam em direito subjetivo de qualquer administrado à sua obtenção para seu domicílio, para sua rua ou para seu bairro. São também serviços indivisíveis, ou seja, não mensuráveis na sua utilização. São mantidos por imposto e não por taxas ou tarifas, que são remunerações mensuráveis e proporcionais ao uso individual.

▶ **Serviços *"uti singuli"* ou individuais** – São os que têm usuários determinados e utilização particular e mensurável para cada destinatário, como ocorre com o telefone, água, gás e energia elétrica domiciliares. Desde que implantados, tais serviços geram direito subjetivo à sua obtenção para todos os administrados que se encontrem na área de sua prestação ou fornecimento e satisfaçam as exigências regulamentares. São serviços de utilização individual, facultativa e mensurável, devendo ser remunerados por taxa (tributo) ou tarifa (preço público), e não por imposto.

8.2.4 | Quanto à natureza

- **Serviços públicos próprios** – São aqueles que constituem atividade administrativa tipicamente estatal, exclusiva do Estado, inerente a seus fins e por ele executada direta ou indiretamente.
- **Serviços públicos impróprios** – São os que, embora satisfaçam necessidades coletivas, constituem atividades privadas, sujeitas ao poder de polícia do Estado, por ele reguladas e autorizadas (Exemplos: atividades de banco, financeiras, farmácias, seguradoras). Também são considerados serviços impróprios as atividades que, embora executadas pelo Estado sob um regime de Direito Público, são prestadas também por particulares (ex.: estabelecimentos privados de ensino).

8.3 | FORMAS DE PRESTAÇÃO DO SERVIÇO PÚBLICO

A prestação do serviço público pode ocorrer de forma direta (executado pela Administração Direta) ou indireta (executado pela Administração Indireta ou por particulares mediante delegação).

Com relação à execução indireta, precisamente no que tange à execução dos serviços por parte dos particulares, a Administração poderá transferir a execução do referido serviço público por meio da permissão ou concessão.

A Administração apenas transfere a execução do serviço público para o particular, permanecendo a titularidade em suas próprias mãos.

8.3.1 | Permissão

A permissão de serviço público é ato administrativo, unilateral, discricionário e precário, onde a Administração transfere a outrem tão somente a execução do serviço público, para que este execute em seu próprio nome e por sua conta e risco, mediante tarifas pagas pelos usuários.

Características básicas da permissão de serviço público:

▸ É ato precário, podendo ser revogado a qualquer tempo pela Administração;
▸ Pode ter caráter gratuito ou oneroso;
▸ Geralmente possui prazo indeterminado, porém a Administração poderá realizar uma permissão admitindo prazos e condições, hipótese em que a doutrina classifica como permissão condicionada ou qualificada;
▸ Nos termos da Lei nº 8.987/95 (lei da concessão e permissão), a permissão é uma forma de contrato de adesão;
▸ A Administração deverá realizar licitação, porém a Lei nº 8.987/95 é omissa com relação à modalidade;
▸ A titularidade do serviço permanece com o Poder Público;
▸ O permissionário executa o serviço por sua conta e risco, respondendo de forma objetiva, desde que o dano decorra da própria prestação do serviço, nos termos do art. 37, § 6º da Constituição Federal;
▸ O Estado responde de forma subsidiária;
▸ O permissionário sujeita-se à fiscalização do Poder Público.

8.3.2 | **Concessão de serviço público**

A concessão de serviço público é um contrato administrativo onde a Administração transfere para outrem tão somente a execução do serviço público, para que este execute em seu próprio nome e por sua conta e risco, mediante tarifas pagas pelos usuários.

Características básicas da concessão de serviço público:

- O contrato de concessão possui as mesmas características dos contratos administrativos, como, por exemplo: cláusulas exorbitantes, aspectos formais, mutabilidade e teoria da imprevisão;
- A Administração deverá realizar licitação na modalidade concorrência;
- A titularidade do serviço permanece com o Poder Público;
- O permissionário executa o serviço por sua conta e risco, respondendo de forma objetiva, desde que o dano decorra da própria prestação do serviço, nos termos do art. 37, § 6º da Constituição Federal;
- O Estado responde de forma subsidiária;
- A tarifa é fixada em contrato e tem a natureza de preço público;
- A rescisão unilateral do contrato de concessão antes do prazo estabelecido por motivo de interesse público denomina-se encampação. Neste caso o concessionário faz jus ao ressarcimento dos prejuízos devidamente comprovados;
- A rescisão unilateral do contrato de concessão por motivo de inadimplemento do concessionário denomina-se caducidade ou decadência.

Por derradeiro, vale ressaltar que, por conta do princípio da continuidade dos serviços públicos, ocorrendo a extinção da *permissão* (exemplo: a revogação) ou da *concessão* (exemplo: encampação ou caducidade), a Administração poderá efetuar a *reversão,* ou seja, poderá se apropriar dos bens, materiais, equipamentos e funcionários do permissionário ou concessionário para a regular continuidade do serviço público.

PARCERIA PÚBLICO-PRIVADA

A Lei Federal 11.079/2004, que regulamenta a parceria público-privadas (PPP), se aplica aos órgãos da Administração Pública direta, aos fundos especiais, às autarquias, às fundações públicas, às empresas públicas, às sociedades de economia mista e às demais entidades controladas direta ou indiretamente pela União, Estados, Distrito Federal e Municípios.

A finalidade da referida lei é atrair capitais privados para a prestação de serviços públicos, dividindo-se os riscos, diferentemente do que ocorre nas concessões comuns, onde os ricos são assumidos pela concessionária.

Nesse passo, a lei da PPP estabelece regras para a licitação e para o contrato administrativo nas parcerias, onde a modalidade licitatória deve ser a concorrência, devendo o procedimento obedecer ao que preceitua o art. 10 da referida lei, a saber:

> **I –** *Autorização da autoridade competente, fundamentada em estudo técnico que demonstre:*
> **a)** *A conveniência e a oportunidade da contratação, mediante identificação das razões que justifiquem a opção pela forma de parceria público-privada;*
> **b)** *Que as despesas criadas ou aumentadas não afetarão as metas de resultados fiscais previstas no Anexo referido no § 1º do art. 4º da Lei Complementar nº 101, de 04 de maio de 2000, devendo seus efeitos financeiros, nos períodos seguintes, ser compensados pelo aumento permanente de receita ou pela redução permanente de despesa; e*
> **c)** *Quando for o caso, conforme as normas editadas na forma do art. 25 desta Lei, a observância dos limites e condições decorrentes da aplicação dos arts. 29, 30 e 32 da Lei Complementar nº 101, de 4 de maio de 2000, pelas obrigações contraídas pela Administração Pública relativas ao objeto do contrato;*
>
> **II –** *Elaboração de estimativa do impacto orçamentário-financeiro nos exercícios em que deva vigorar o contrato de parceria público-privada;*
>
> **III –** *Declaração do ordenador da despesa de que as obrigações contraídas pela Administração Pública no decorrer do contrato são compatíveis com a lei de diretrizes orçamentárias e estão previstas na lei orçamentária anual;*

IV *– Estimativa do fluxo de recursos públicos suficientes para o cumprimento, durante a vigência do contrato e por exercício financeiro, das obrigações contraídas pela Administração Pública;*

V *– Seu objeto estar previsto no plano plurianual em vigor no âmbito onde o contrato será celebrado;*

VI *– Submissão da minuta de edital e de contrato à consulta pública, mediante publicação na Imprensa Oficial, em jornais de grande circulação e por meio eletrônico, que deverá informar a justificativa para a contratação, a identificação do objeto, o prazo de duração do contrato, seu valor estimado, fixando-se prazo mínimo de 30 (trinta) dias para recebimento de sugestões, cujo termo dar-se-á pelo menos 7 (sete) dias antes da data prevista para a publicação do edital; e*

VII *– Licença ambiental prévia ou expedição das diretrizes para o licenciamento ambiental do empreendimento, na forma do regulamento, sempre que o objeto do contrato exigir.*

No que se refere aos tipos de licitação ou critérios de julgamento da proposta, o art. 12 da norma determina o de menor preço e o de menor preço e melhor técnica, devendo o edital definir a forma de apresentação das propostas econômicas, admitindo-se propostas escritas em envelopes lacrados ou propostas escritas, seguidas de lances verbais.

O § 4º do art. 2º da Lei nº 11.079/04 estabelece algumas exigências para celebração do contrato de parceria público-privada, a saber:

I – O valor do contrato não pode ser inferior a R$ 20.000.000,00 (vinte milhões de reais);

II – O período de prestação do serviço não pode ser inferior a 5 (cinco) anos;

III – Não pode ter como objeto único o fornecimento de mão de obra, o fornecimento e instalação de equipamentos ou a execução de obra pública.

Com relação às modalidades de concessões, a lei da PPP estabelece as seguintes:

▸ **Concessão patrocinada** – É a concessão de serviços públicos ou de obras públicas de que trata a Lei nº 8.987, de 13 de fevereiro de 1995, quando envolver, adicionalmente à tarifa cobrada dos usuários, contraprestação pecuniária do parceiro público ao parceiro privado.

▸ **Concessão administrativa** – É o contrato de prestação de serviços de que a Administração Pública seja a usuária direta ou indireta, ainda que envolva execução de obra ou fornecimento e instalação de bens.

O art. 5º da Lei da PPP determina que, além do que estatui a Lei Federal nº 8.987/95 (Lei da concessão e permissão), os contratos de parceria público-privada devem prever as seguintes cláusulas:

I – *o prazo de vigência do contrato, compatível com a amortização dos investimentos realizados, não inferior a 5 (cinco), nem superior a 35 (trinta e cinco) anos, incluindo eventual prorrogação;*

II – *as penalidades aplicáveis à Administração Pública e ao parceiro privado em caso de inadimplemento contratual, fixadas sempre de forma proporcional à gravidade da falta cometida e às obrigações assumidas;*

III – *a repartição de riscos entre as partes, inclusive os referentes a caso fortuito, força maior, fato do príncipe e álea econômica extraordinária;*

IV – *as formas de remuneração e de atualização dos valores contratuais;*

V – *os mecanismos para a preservação da atualidade da prestação dos serviços;*

VI – *os fatos que caracterizem a inadimplência pecuniária do parceiro público, os modos e o prazo de regularização e, quando houver, a forma de acionamento da garantia;*

VII – *os critérios objetivos de avaliação do desempenho do parceiro privado;*

VIII – *a prestação, pelo parceiro privado, de garantias de execução suficientes e compatíveis com os ônus e riscos envolvidos, observados os limites dos §§ 3º e 5º do art. 56 da Lei* nº 8.666, de 21 de junho de 1993, e, no que se refere às concessões patrocinadas, o disposto no inciso XV do art. 18 da Lei nº 8.987, de 13 de fevereiro de 1995;

IX – *o compartilhamento com a Administração Pública de ganhos econômicos efetivos do parceiro privado decorrentes da redução do risco de crédito dos financiamentos utilizados pelo parceiro privado;*

X – *a realização de vistoria dos bens reversíveis, podendo o parceiro público reter os pagamentos ao parceiro privado, no valor necessário para reparar as irregularidades eventualmente detectadas.*

Por derradeiro, vale registrar que não constitui parceria público-privada a concessão comum (concessão de serviços públicos ou de obras públicas de que trata a Lei nº 8.987/95), pois não envolve contraprestação pecuniária do parceiro público ao parceiro privado.

10 RESPONSABILIDADE CIVIL DO ESTADO

A responsabilidade civil do Estado, classificada pela doutrina como objetiva, encontra-se determinada no art. 37, § 6º da Constituição Federal, a saber:

> *§ 6º. As pessoas jurídicas de direito público e as de direito privado prestadoras de serviços públicos responderão pelos danos que seus agentes, nessa qualidade, causarem a terceiros, assegurado o direito de regresso contra o responsável nos casos de dolo ou culpa.*

Como se observa, a responsabilidade objetiva é aquela em que o Estado deve indenizar a vítima independentemente de dolo ou culpa dos seus agentes, em outro giro, a responsabilidade objetiva é aquela que independe de comprovação de culpa, podendo derivar de ato lícito ou ilícito do agente público.

Não podemos olvidar que o dispositivo em comento determina a responsabilidade objetiva apenas para as pessoas jurídicas de direito público e pessoas jurídicas de direito privado prestadoras de serviço público, excluindo as exploradoras de atividade econômica.

No que diz respeito às pessoas jurídicas de direito privado exploradoras de atividade econômica, podemos classificar a sua responsabilidade como meramente subjetiva, ou seja, deve ser comprovado o dolo ou a culpa do agente público.

Todavia, o Professor Celso Antônio Bandeira de Mello entende em sua doutrina que as pessoas jurídicas de direito privado prestadoras de serviço público respondem de forma objetiva apenas quando o dano decorrer da própria prestação do serviço público. Caso contrário, respondem de forma subjetiva.

10.1 | TEORIAS DA RESPONSABILIDADE

A doutrina do Direito Público e da responsabilidade objetiva do Estado é formulada com base em três teorias publicistas, a saber:

- **A Teoria da culpa administrativa** – Teoria que leva em consideração a falta do serviço para impor à Administração o dever de indenizar, independentemente da culpa subjetiva do agente administrativo. Exige-se uma culpa especial da Administração chamada de culpa administrativa. A falta do serviço apresenta-se sob três modalidades: inexistência do serviço, mau funcionamento do serviço ou retardamento do serviço.

Além da lesão injusta sofrida pela vítima, ela deverá comprovar a falta do serviço para obter a indenização.

▸ **Teoria do risco administrativo** – Segundo esta teoria, não se exige qualquer falta do serviço público, nem culpa de seus agentes, bastando a lesão, sem o concurso do lesado. Nesta teoria, basta que a vítima demonstre o fato danoso e injusto ocasionado por ação ou omissão do Poder Público. Esta teoria se funda no risco que a atividade pública gera para os administrados e na possibilidade de acarretar dano a certos membros da comunidade, impondo-lhes um ônus não suportado pelos demais. Tal teoria não determina que a Administração deva indenizar sempre e em qualquer caso o dano suportado pelo particular. Significa tão somente que a vítima fica dispensada da prova da culpa da Administração, podendo esta demonstrar a culpa total ou parcial do lesado no evento danoso, eximindo integral ou parcialmente a obrigação da Fazenda Pública.

▸ **Teoria do risco integral** – É a modalidade extremada da doutrina do risco administrativo, abandonada na prática, por conduzir ao abuso e à iniquidade social. Com base nesta teoria, a Administração fica obrigada a indenizar todo e qualquer dano suportado por terceiros, ainda que resultante de culpa ou dolo da vítima. A teoria do risco integral jamais foi adotada entre nós, pois ficou conhecida como brutal em razão das consequências que haveria de produzir se aplicada completamente.

10.2 | A AÇÃO REGRESSIVA

A ação regressiva encontra-se mencionada no art. 37, § 6º da CF. Todavia, para o êxito desta ação, deverá ocorrer dois requisitos básicos:

▶ Que a Administração já tenha sido condenada a indenizar a vítima;
▶ Que se comprove a culpa do funcionário no evento danoso.

Observa-se que para a Administração a responsabilidade independe de culpa e para o servidor a responsabilidade depende de culpa, ou seja, a responsabilidade da Administração é objetiva e do agente público é subjetiva, apurada pelos critérios gerais do CC.

10.3 | **EXCLUDENTES DA RESPONSABILIDADE CIVIL DO ESTADO**

A responsabilidade civil do Estado admite exceções. Nesse passo, existem hipóteses em que o Estado ficará excluído do dever de indenizar, porém, em determinadas situações, surgirá o dever de reparar o dano.

São excludentes da responsabilidade civil do Estado:

▶ **Culpa exclusiva da vítima** – Ocorre a culpa exclusiva da vítima quando se comprovar que ela foi a responsável pelo dano. Desta feita, compete ao Estado o ônus de provar a ocorrência dessa modalidade de excludente, porém, se ficar comprovada a culpa concorrente, ou seja, que a vítima contribuiu, ainda que não de forma exclusiva, para a ocorrência do dano, o valor da indenização será reduzido proporcionalmente.

▶ **Eventos da natureza** – Nesta hipótese de excludente deve ser observado que a mera alegação de que o dano foi resultante de evento da natureza não exclui a responsabilidade do Estado, na medida em que, se o Estado não tomar as devidas cautelas e, consequentemente, ocorrer o dano, deverá indenizar a vítima em razão de sua omissão. A responsabilidade por omissão é classificada como subjetiva.

▶ **Atos predatórios de terceiros** – Mais uma vez deve ser lembrado que, se de alguma forma o Estado contribui, ainda que por omissão, para a ocorrência do dano, sua responsabilidade está configurada, porém, de forma subjetiva.

11 | INTERVENÇÃO DO ESTADO NA PROPRIEDADE PRIVADA

A nossa Constituição Federal assegura o direito de propriedade, porém, condiciona que o particular cumpra a sua função social. Entretanto, podemos afirmar que o direito de propriedade não é mais um direito absoluto, pois o Estado poderá intervir na propriedade privada por meio dos seguintes meios: desapropriação, servidão administrativa, requisição, ocupação temporária, limitação administrativa e tombamento.

11.1 | DESAPROPRIAÇÃO

Ressalta-se que a desapropriação é a forma mais drástica de intervenção do Estado na propriedade, pois, de todas as espécies, é a única em que o particular perde definitivamente sua propriedade.

A desapropriação é uma forma originária de aquisição da propriedade privada, pois não provém de nenhum título anterior, e, por isso, o bem expropriado torna-se insuscetível de reivindicação e libera-se de quaisquer ônus que sobre ele incidia precedentemente, ficando os eventuais credores sub-rogados no preço.

11.1.1 | Conceito

É a transferência compulsória da propriedade privada (ou pública de entidade de grau inferior para a superior) para o patrimônio do Poder Público, em razão de uma necessidade, utilidade pública ou interesse social, mediante o pagamento de uma indenização prévia, justa e em dinheiro, salvo as exceções da lei.

A **necessidade pública** ocorre quando a Administração se depara com situações de emergência e, para que sejam cessadas, exigem a transferência urgente dos bens de terceiros para o seu domínio.

A **utilidade pública** representa a conveniência e oportunidade da Administração em transferir os bens de terceiros, porém tal transferência não é imprescindível.

O **interesse social** ocorre quando a situação impõe o condicionamento ou a distribuição da propriedade para o seu melhor aproveitamento, utilização ou produtividade em prol da coletividade ou interesses de categorias sociais.

11.1.2 | Exceções quanto ao valor da indenização

Conforme dispõem os arts. 5º, XXIV e 182, § 3º da Constituição Federal, a indenização na desapropriação deve ser justa, prévia e em dinheiro.

A **Indenização justa** é aquela que cobre não só o valor real e atual do bem expropriado como também os danos emergentes e lucros cessantes do proprietário, decorrentes do despojamento do seu patrimônio. Com relação às benfeitorias realizadas após a declaração de desapropriação, a lei determina que as necessárias serão sempre indenizadas. As úteis serão indenizadas apenas quando autorizadas pelo Poder Público. Por derradeiro, as benfeitorias voluptuárias não são indenizadas pelo expropriante.

A **Indenização prévia** significa que o Poder Público deverá pagar ou depositar o preço antes de entrar na posse do imóvel.

A **Indenização em dinheiro** significa que o expropriante deve pagar o expropriado em moeda corrente. É esta a regra (art. 5º, XXIV).

Todavia, existem três exceções quanto à indenização, quais sejam:

- **Desapropriação, sanção ou confisco** – É aquela onde o proprietário não é indenizado, pois cultivou em sua terra a plantação de psicotrópicos. A doutrina ainda aponta outra situação para gerar a desapropriação confiscatória, qual seja: no caso de bens adquiridos em decorrência do tráfico de entorpecentes e drogas afins.
- **Desapropriação para fins de política urbana** – Ocorre quando o particular não cumpre a função social da propriedade urbana. A indenização será em títulos da dívida pública, resgatáveis em até 10 (dez) anos.
- **Desapropriação para fins de reforma agrária** – Ocorre quando o particular não cumpre a função social da propriedade rural. A indenização será em títulos da dívida agrária ou rural, resgatáveis em até 20 (vinte) anos, a partir do 2º ano de emissão do título.

11.1.3 Declaração expropriatória

O ato inicial do procedimento expropriatório é a declaração de utilidade pública. É ato administrativo discricionário quanto à emissão (pois cabe à autoridade administrativa competente decidir sobre sua oportunidade e conveniência), mas vinculado quanto ao objeto (transferência compulsória da propriedade) e o motivo (as hipóteses que a autorizam, previstas no Decreto-Lei nº 3.365/41 ou em qualquer outra Lei – art. 5º, "p" do Decreto-Lei nº 3.365/41).

Hely Lopes Meirelles nos ensina que a declaração expropriatória pode ser feita por lei ou decreto em que se identifique o bem, se indique seu destino e se aponte o dispositivo legal que a autorize. É ato administrativo típico, consistente na especificação do bem a ser transferido compulsoriamente para o domínio da Administração.

Os efeitos da declaração expropriatória não se confundem com os da desapropriação em si mesma. Todavia, a publicação do decreto de desapropriação já produz alguns efeitos, quais sejam:

a) Submete o bem à força expropriatória do Estado (característica típica da imperatividade);
b) Fixa o estado do bem, isto é, suas condições, melhoramentos, benfeitorias existentes;
c) Confere ao poder público o direito de penetrar no bem a fim de fazer verificações e medições, desde que as autoridades administrativas atuem com moderação e sem excesso de poder, pois o particular poderá invocar o princípio da inviolabilidade do domicílio;
d) Dá início ao prazo de caducidade da desapropriação (dois anos para interesse social e cinco anos para utilidade pública). Vale registrar que, findo o prazo de caducidade, a Administração não poderá renová-lo com uma nova publicação do decreto no Diário Oficial, com exceção à desapropriação de utilidade pública, em que a Administração poderá renovar o referido prazo, porém, deverá aguardar o lapso temporal de um ano para decretar a desapropriação novamente.

11.1.4 | Processo expropriatório

A desapropriação poderá ocorrer por via administrativa ou por processo judicial.

- **Via administrativa** – É o acordo realizado entre as partes quanto ao valor da indenização. O referido ajuste deverá ser reduzido a termo para ocorrer a transferência do bem expropriado. Com relação aos bens imóveis deverá ser elaborada uma escritura pública para o consequente registro no cartório imobiliário.
- **Processo judicial** – A desapropriação poderá ocorrer via processo judicial quando as partes não entrarem em acordo com relação ao valor da indenização. Nesse sentido, quando o expropriado não concordar com o valor da indenização, a Administração deverá ajuizar a competente ação de desapropriação para que o Poder Judiciário fixe o respectivo valor. O expropriado poderá contestar na ação apenas o valor da indenização ou, eventualmente, se existir, algum vício do processo judicial.

11.1.5 | Imissão na posse

A imissão provisória na posse encontra-se prevista no art. 15 do Decreto-Lei nº 3.365, exigindo os seguintes requisitos:

- A Administração deverá alegar urgência, o que pode ser feito no próprio ato expropriatório ou no curso do processo judicial;
- A Administração deverá realizar o depósito da quantia fixada segundo critérios previstos em lei, podendo o expropriado levantar 80% (oitenta porcento) do valor depositado;

▶ A Administração deverá requerer a imissão no prazo de 120 (cento e vinte) dias contados da alegação de urgência. Caso o poder expropriante não requerer dentro do aludido prazo, o seu direito caduca, não podendo ser renovada a alegação de urgência e a emissão não poderá ser concedida.

11.1.6 | Desvio de finalidade

O desvio de finalidade está conceituado no parágrafo único, "e" do art. 2º da Lei nº 4.717/65, como causa de nulidade de atos lesivos ao patrimônio público, por meio de ação popular.

Nos dizeres de Hely Lopes Meirelles:

> [...] o desvio de finalidade ocorre quando o bem expropriado para um fim é empregado noutro sem utilidade pública ou interesse social. Daí o chamar-se, vulgarmente, a essa mudança de destinação, tredestinação, para indicar o mau emprego do bem expropriado. Mas deve-se entender que a finalidade pública é sempre genérica e, por isso, o bem desapropriado para um fim público pode ser usado em outro fim público sem que ocorra desvio de finalidade.

Em outro giro, a tredestinação é o desvio de finalidade que ocorre na desapropriação, porém, um bem que é desapropriado para uma finalidade pública e empregado em outra não desvia a finalidade, pois o interesse público foi percorrido.

Para tanto, trazemos mais uma vez um exemplo do saudoso Professor Hely Lopes Meirelles:

[...] um terreno inicialmente desapropriado para construção de uma escola pode ser utilizado para construir um pronto-socorro sem que isso importe em desvio de finalidade. Não poderá, contudo, ser alienado a uma organização privada para nele edificar uma escola ou um hospital particular porque nestes casos está ausente a finalidade pública justificadora do ato expropriatório.

11.1.7 | Ação de Retrocessão

A Ação de Retrocessão é o direito do expropriado de exigir o seu imóvel de volta, mediante a devolução do valor da indenização, quando este não tenha o destino público alegado no ato expropriatório.

Vale registrar que o expropriado não pode se utilizar da retrocessão quando o expropriante deu ao imóvel uma destinação pública diversa daquela mencionada no ato de desapropriação, pois, nesse caso, pode ter havido uma mudança do interesse público, não ocasionando o desvio de finalidade da desapropriação.

11.2 | SERVIDÃO ADMINISTRATIVA

É ônus real de uso imposto pela Administração à propriedade particular para assegurar a realização e conservação de obras e serviços públicos ou de utilidade pública, mediante indenização apenas quando existirem prejuízos efetivamente suportados pelo proprietário. Exemplo: placas com nome de ruas em paredes de imóveis, passagem de dutos, torres de energia dentro do imóvel.

11.3 | REQUISIÇÃO ADMINISTRATIVA

É ato administrativo unilateral e autoexecutório em que a Administração utiliza-se de bens e serviços particulares para atendimento de necessidades coletivas urgentes e transitórias, com posterior indenização dos prejuízos. (art. 5º, XXV da CF)

11.4 | OCUPAÇÃO TEMPORÁRIA

É a utilização transitória (temporária) de bens particulares pelo Poder Público de forma remunerada ou gratuita, para a execução de obras, serviços ou atividades públicas. Um exemplo típico de ocupação temporária é a utilização do terreno ou galpão do particular para guardar os equipamentos ou materiais da obra pública.

11.5 | LIMITAÇÃO ADMINISTRATIVA

É toda imposição geral, gratuita, unilateral e de ordem pública condicionadora do exercício de direitos ou de atividades particulares às exigências do bem-estar social. As limitações decorrem do poder de polícia inerente e indissociável da Administração e se exteriorizam em imposições unilaterais e imperativas sob a tríplice modalidade positiva (fazer), negativa (não fazer) ou permissiva (deixar fazer).

11.6 | TOMBAMENTO

É declaração do Poder Público do valor histórico, artístico, paisagístico, turístico, cultural ou científico de coisas e locais que, por essa razão, devam ser preservados. (Art. 216, § 1º da CF/88).

O tombamento realiza-se por meio de um procedimento administrativo vinculado conduzindo o ato final de inscrição do bem em um dos livros do Tombo. O tombamento pode acarretar uma restrição individual (quando atinge determinado bem) ou uma limitação geral (quando abrange uma coletividade, obrigando-os a respeitar padrões urbanísticos ou arquitetônicos).

Com relação à indenização, o tombamento em princípio não prevê, porém, se a preservação do bem acarretar gastos extraordinários e excessivos, caberá indenização por parte da Administração.

12 | BEM PÚBLICO

No dizer de Hely Lopes Meirelles, bens públicos:

> [...] *são todas as coisas, corpóreas ou incorpóreas, imóveis, móveis e semoventes, créditos, direitos e ações, que pertençam, a qualquer título, às entidades estatais, autárquicas, fundacionais e paraestatais.*

Com relação aos bens das empresas públicas, sociedades de economia mista e serviços sociais autônomos, estes se constituem em bens públicos com destinação especial e administração particular dessas instituições para as quais foram transferidos. Entretanto, os bens das entidades paraestatais, inobstante sua natureza pública, prestam-se à oneração como garantia real e sujeitam-se à penhora por dívidas da entidade, como, também, podem ser alienados na forma estatutária, independentemente de lei autorizativa, se móveis. Os bens imóveis dependem de lei para sua alienação (art. 17, I da Lei nº 8.666/93). Quanto ao mais, regem-se pelas normas de Direito Público, inclusive quanto à imprescritibilidade por usucapião.

12.1 | CLASSIFICAÇÃO
Os bens públicos podem ser:

12.1.1 | Bens de uso comum do povo ou do domínio público
São todos os locais abertos à utilização pública, que têm esse caráter de utilização pela comunidade, de uso coletivo, de fruição própria do povo. Exemplos: mares, praias, rios, estradas, ruas e praças.

12.1.2 | Bens de uso especial ou do patrimônio administrativo
São os que se destinam especialmente à execução dos serviços públicos, tais como os edifícios das repartições públicas, os terrenos aplicados aos serviços públicos, os veículos da Administração, os matadouros, os mercados e outras serventias que o Estado põe à disposição do público, mas com destinação especial. Tais bens, por terem finalidade pública permanente, são também chamados bens indisponíveis.

12.1.3 | Bens dominiais ou do patrimônio disponível ou bens do patrimônio fiscal
São aqueles que, embora integrando o domínio público como os demais, não possuem uma destinação pública. Além dos bens dominiais que formam o patrimônio disponível da Administração, por não terem uma destinação

pública determinada, outros poderão ser transferidos, por lei, para esta categoria, ficando desafetados de sua primitiva finalidade pública, para subsequente alienação.

Em outro giro, os bens dominiais, por serem bens desafetados de utilidade pública, poderão ser alienados pela Administração.

12.2 | ATRIBUTOS OU CARACTERES DOS BENS PÚBLICOS

Segundo Hely Lopes Meirelles, os bens públicos possuem três atributos:

12.2.1 | Imprescritibilidade

Decorre da consequência lógica de sua inalienabilidade originária. Originalmente os bens públicos são inalienáveis. Só poderão ser alienados se a Administração satisfizer certas condições prévias para sua transferência ao domínio privado, ou seja, os bens públicos são inalienáveis enquanto destinados ao uso comum do povo ou a fins administrativos especiais (enquanto tiverem afetação pública ou destinação específica). Portanto, se os bens públicos são originalmente inalienáveis, enquanto guardarem essa condição não podem ser adquiridos, não sendo possível a invocação de usucapião sobre eles. Nesse sentido é a Súmula 340 do STF.

12.2.2 | Impenhorabilidade

Decorre de preceito constitucional que dispõe sobre a forma pela qual serão executadas as sentenças judiciais contra a Fazenda Pública, sem permitir a penhorabilidade de seus bens. Admite, entretanto, o sequestro da quantia necessária à satisfação do débito, desde que ocorram certas condições processuais (CF, art. 100). O CPC trata da execução contra a Fazenda Pública nos arts. 730 e 731, estabelecendo as regras para o pagamento das requisições judiciais, na ordem de apresentação dos precatórios e à conta de respectivo crédito. Isto significa que caberá ao Poder Público providenciar os recursos necessários à execução, que se realiza sem penhora de qualquer bem público.

12.2.3 | Não oneração
É a impossibilidade de oneração dos bens públicos (das entidades estatais, autárquicas e fundacionais). Em outras palavras, os bens públicos não podem ser dados em garantia pela Administração.

12.3 | UTILIZAÇÃO DO BEM PÚBLICO
Os bens públicos podem ser utilizados tanto pela Administração quanto pelos particulares, em que para estes a Administração deverá expressar o seu consentimento e regulamentar tal situação, por meio dos seguintes institutos:

12.3.1 | Autorização de uso
É ato administrativo unilateral, discricionário e precário pelo qual a Administração consente que o particular se utilize do bem público com exclusividade, de forma gratuita ou onerosa. É utilizada em casos em que se encontra presente apenas o interesse do particular. Não depende de licitação para seu deferimento. Exemplo: ocupação de terrenos baldios para retirada de água em fontes não abertas ao uso comum do povo, fechar rua para festa.

12.3.2 | Permissão de uso
É ato unilateral, discricionário e precário, gratuito ou oneroso, por meio do qual a Administração faculta ao particular a utilização individual de determinado bem

público. Nesta espécie de utilização do bem público deve existir, além do interesse privado, o interesse coletivo. Exemplo: bancas de jornais, ponto de táxi, vestiários em praias, colocação de mesas e cadeiras em calçadas de bares e restaurantes. A necessidade de licitação não é pacífica na doutrina. Todavia, podemos defender a necessidade do procedimento licitatório quando existir disputa entre particulares para se utilizar do bem público.

12.3.3 | Concessão de uso

É contrato administrativo em que o Poder Público atribui a utilização exclusiva de bem público a particular, para que o explore segundo sua destinação específica. A diferença da concessão para a autorização e permissão é o caráter contratual e estável da outorga do uso do bem público ao particular. A concessão pode ser remunerada ou gratuita, por tempo certo ou determinado, mas sempre será precedida de autorização legal e, normalmente, de licitação para o contrato.

Nos entendimentos de Hely Lopes Meirelles, os institutos típicos de direito privado (comodato e a locação) são impróprios e inadequados para outorgar o uso do bem público ao particular. No lugar dos institutos de direito privado deve sempre ser adotada a concessão de uso, remunerada ou gratuita, conforme o caso.

13 | AGENTE PÚBLICO

Para Hely Lopes Meirelles, agentes públicos *"são todas as pessoas físicas incumbidas, definitiva ou transitoriamente, do exercício de alguma função estatal"*.

13.1 | CLASSIFICAÇÃO

Várias são as classificações doutrinárias e, segundo a classificação do autor acima mencionado, agente público é um gênero que possui as seguintes espécies: agentes políticos, agentes administrativos, agentes honoríficos e agentes delegados.

13.1.1 | Agentes políticos

São agentes que compõem o Governo nos seus primeiros escalões, investidos por eleição, nomeação ou designação para o exercício de atribuições constitucionais. Os referidos agentes são os políticos eleitos pelo voto popular, os ministros de Estado, juízes, promotores de justiça, membros dos Tribunais de Contas.

13.1.2 | Agentes administrativos

São todos aqueles que se vinculam ao Estado ou às suas entidades autárquicas e fundacionais por meio de relações profissionais ou de emprego, sujeitos à hierarquia funcional, não exercendo atividades políticas ou governamentais. São agentes administrativos os servidores públicos concursados, servidores públicos não concursados que exercem cargos em comissão (funções de confiança) e servidores temporários (contratados sem concurso público, por tempo determinado para atender a necessidade temporária do interesse público).

13.1.3 | Agentes honoríficos

São cidadãos convocados, designados ou nomeados para prestar, transitoriamente, determinados serviços ao Estado, em razão de sua condição cívica, de sua honorabilidade ou de sua notória capacidade profissional, sem qualquer vínculo empregatício, e normalmente sem remuneração. Exemplos: função de jurado, mesário eleitoral, etc.

13.1.4 | Agentes delegados

São particulares que recebem delegação para exercer determinada atividade, obra ou serviço público e o realizam em nome próprio, por sua conta e risco, segundo as normas do Estado e fiscalização do delegante. Exemplos: concessionários e permissionários de obras e serviços públicos, serventuários de ofícios ou cartórios não estatizados, leiloeiros, tradutores públicos, etc.

13.2 | CARGO PÚBLICO

Na definição de Hely Lopes Meirelles:

> [...] cargo público é o lugar instituído na organização do serviço público, com denominação própria, atribuições e responsabilidades específicas e estipêndio correspondente, para ser provido e exercido por um titular, na forma estabelecida em lei.

O Provimento é o ato de preenchimento do cargo público, podendo ser:

▸ **Provimento originário ou inicial** – É o que se faz por meio de nomeação, pressupondo-se a inexistência de vinculação entre a situação de serviço anterior do nomeado e o preenchimento do cargo. Assim, tanto é provimento inicial a nomeação de pessoa estranha aos quadros do serviço público quanto a de outra que já exercia função pública como ocupante de cargo não vinculado àquele para o qual foi nomeada.

▸ **Provimento derivado** – É o que se faz por transferência, promoção, remoção, acesso, reintegração, readmissão, enquadramento, aproveitamento ou reversão, é sempre uma alteração na situação de serviço do provido. No provimento derivado já existe anterior vínculo de emprego com o Estado.

13.3 | ACESSIBILIDADE AOS CARGOS PÚBLICOS

A Constituição Federal estabelece no art. 37, inciso I, que *"os cargos, empregos e funções públicas são acessíveis aos brasileiros, que preencham os requisitos previstos em lei, assim como aos estrangeiros, na forma da lei".*

Vale registrar que a determinação acima não se aplica aos cargos de carreira privativos de brasileiros natos, quais sejam: carreira de oficiais militares e diplomática, por expressa determinação constitucional (art. 12, § 3º, V e VI da CF).

13.4 VENCIMENTOS

Em síntese, a Carta Magna determina no art. 37, inciso XII, que os valores pagos pelo Executivo constituem o teto para a remuneração dos funcionários que exerçam funções iguais ou assemelhadas no Legislativo e no Judiciário.

O inciso XI do art. 37 da Constituição Federal, alterado pela recente EC nº 19/98 e EC nº 41/03, estabelece que:

> [...] a remuneração e o subsídio dos ocupantes de cargos, funções e empregos públicos da administração direta, autárquica e fundacional, dos membros de qualquer dos poderes da União, dos Estados, do Distrito Federal e dos Municípios, dos detentores de mandato eletivo e dos demais agentes políticos e os proventos, pensões ou outra espécie remuneratória, percebidos cumulativamente ou não, incluídas as vantagens pessoais ou de qualquer outra natureza, não poderão exceder o subsídio mensal, em espécie, dos Ministros do Supremo Tribunal Federal, aplicando-se como limite, nos Municípios, o subsídio do Prefeito, e nos Estados e no Distrito Federal, o subsídio mensal do Governador no âmbito do Poder Executivo, o subsídio dos Deputados Estaduais e Distritais no âmbito do Poder Legislativo e o subsídio dos Desembargadores do Tribunal de Justiça, limi-

tado a noventa inteiros e vinte e cinco centésimos porcento do subsídio mensal em espécie, dos Ministros do Supremo Tribunal Federal, no âmbito do Poder Judiciário, aplicável este limite aos membros do Ministério Público, aos Procuradores e aos Defensores Públicos.

Ainda com relação ao teto remuneratório, o § 12 do art. 37 da Constituição Federal, incluído pela Emenda Constitucional nº 47 de 2005, determina que:

> *[...] para os fins do disposto no inciso XI do* caput *deste artigo, fica facultado aos Estados e ao Distrito Federal fixar, em seu âmbito, mediante emenda às respectivas Constituições e Lei Orgânica, como limite único, o subsídio mensal dos Desembargadores do respectivo Tribunal de Justiça, limitado a noventa inteiros e vinte e cinco centésimos porcento do subsídio mensal dos Ministros do Supremo Tribunal Federal, não se aplicando o disposto neste parágrafo aos subsídios dos Deputados Estaduais e Distritais e dos Vereadores.*

Observe-se que, por força do § 9º do art. 37, esse inciso XI aplica-se às empresas públicas e às sociedades de economia mista, e suas subsidiárias que receberem recursos da União, dos Estados, do Distrito Federal ou dos Municípios para pagamento de despesas de pessoal ou de custeio em geral.

13.5 ACUMULAÇÃO DE CARGOS, EMPREGOS E FUNÇÕES PÚBLICAS

É vedado qualquer hipótese de acumulação remunerada de cargos públicos, exceto quando houver compatibilidade de horários e observado o teto salarial dos Ministros do STF nos seguintes casos:

- Dois cargos de professor;
- Um cargo de professor com outro técnico ou científico;
- Dois cargos ou empregos privativos de profissionais de saúde.

13.6 ESTABILIDADE

Conforme o art. 41 da Constituição Federal, para adquirir-se a estabilidade no serviço público é necessário o cumprimento de 3 (três) requisitos, a saber:

- Nomeação para cargo de provimento efetivo em virtude de concurso público;
- Efetivo exercício por 3 anos (estágio probatório);
- Avaliação especial e obrigatória de desempenho por comissão instituída para essa finalidade.

Os nomeados em comissão e os admitidos na forma do art. 37, IX da Constituição Federal (contratação por tempo determinado), cujos vínculos empregatícios têm sempre caráter provisório, jamais adquirem estabilidade, atributo este privativo dos servidores efetivos.

Uma vez adquirida a estabilidade, o servidor somente poderá perder o cargo:

- Em virtude de sentença judicial transitada em julgado;
- Mediante processo administrativo em que lhe seja assegurado o contraditório e a ampla defesa;

Agente Público | 147

▶ Mediante procedimento de avaliação periódica de desempenho, na forma da lei complementar, assegurada ampla defesa; e
▶ Quando exceder os limites remuneratórios de despesa com pessoal (art. 169, § 4º da Constituição Federal).

Segundo o que determina os arts. 95, inciso I e art. 128, inciso I, alínea "a" da Constituição Federal, os servidores vitalícios somente podem perder o cargo em razão de sentença transitada em julgado.

Os servidores vitalícios civis (magistrados, membros dos Tribunais de Contas e do Ministério Público) gozam de outras garantias e vantagens previstas constitucionalmente:

▶ Aposentadoria com proventos integrais, em qualquer hipótese (arts. 93, VI e 129, § 4º);
▶ Inamovibilidade, salvo a pedido ou por interesse público (arts. 95, II e 128, I, "b");
▶ Irredutibilidade de vencimentos: que atualmente é assegurada a todos os funcionários públicos (arts. 37, XV; 95, III e 128, I "a").

13.7 | REINTEGRAÇÃO

A Reintegração é a recondução do servidor ao mesmo cargo de que fora demitido, com o pagamento integral dos vencimentos e vantagens do tempo em que esteve afastado, uma vez reconhecida a ilegalidade da demissão em decisão judicial.

A Constituição determina no § 2º do art. 41, que o servidor estável tem o direito de ser reintegrado ao mesmo cargo, quando for invalidada, por sentença judicial, a demissão, sendo que o eventual ocupante da vaga, se estável, será reconduzido ao cargo de origem sem direito à indenização ou aproveitado em outro cargo ou posto em disponibilidade com remuneração proporcional ao tempo de serviço.

13.8 | DESINVESTIDURA

A Desinvestidura pode ocorrer:

a) Por demissão (é a punição por falta grave);
b) Exoneração (é a desinvestidura de ofício ou a pedido do interessado);
c) Dispensa (ocorre em relação ao contratado pelo regime da CLT).

A exoneração não é penalidade, é uma simples dispensa do servidor, por não convir à Administração sua permanência. Já a demissão se constitui em pena administrativa e poderá ser aplicada ao servidor que cometa infração disciplinar ou crime funcional.

Outras modalidades de vacância são: a promoção, a transferência, a readaptação, a posse em outro cargo não acumulável e o falecimento do funcionário.

13.9 | APOSENTADORIA

Para Hely Lopes Meirelles, aposentadoria:

> [...] é a garantia de inatividade remunerada reconhecida aos servidores que já prestaram longos anos de serviço, ou se tornaram incapacitados para suas funções.

A CF estabelece três espécies de aposentadoria:

- **Por invalidez permanente** – Com proventos proporcionais ao tempo de contribuição, exceto se decorrente de acidente em serviço, moléstia profissional ou doença grave, contagiosa ou incurável, especificada em lei (art. 40, I da CF).
- **Compulsória** – Aos 70 anos de idade, com proventos proporcionais ao tempo de contribuição (art. 40 II).
- **Voluntária** – Quando requerida pelo servidor, desde que cumprido tempo mínimo de 10 anos de efetivo exercício no serviço público e cinco anos no cargo efetivo em que se dará a aposentadoria, nas seguintes condições: Homem (60 anos de idade e 35 de contribuição) e Mulher (55 anos de idade e 30 de contribuição).

Fica vedada a percepção de mais de uma aposentadoria em razão do regime de previdência, ressalvadas as aposentadorias decorrentes dos cargos acumuláveis na forma da CF, as quais deverão obedecer ao limite constitucional de remuneração.

BIBLIOGRAFIA

ALEXANDRINO, Marcelo; PAULO, Vicente. *Direito Administrativo*. 7ª ed. Rio de Janeiro: Impetus, 2005.

ANDRADE, Flávia Cristina Moura de. *Elementos do Direito – Direito Administrativo*. São Paulo: Premier, 2006.

ÁVILA, Humberto Bergmann. A distinção entre princípios e regras e a redefinição do dever de proporcionalidade. *Revista de Direito Administrativo*. Rio de Janeiro: Renovar, v. 215, jan. – mar., 1999.

BANDEIRA DE MELLO, Celso Antônio. *Curso de Direito Administrativo*. 22ª ed. São Paulo: Malheiros, 2009.

BANDEIRA DE MELLO, Oswaldo Aranha. *Princípios Gerais de Direito Administrativo*. Rio de Janeiro: Forense, 1979.

COELHO, Paulo Magalhães da Costa. *Manual de Direito Administrativo*. São Paulo: Saraiva, 2004.

CRETELLA JÚNIOR, José. *Das Licitações Públicas*. 8ª ed. Rio de Janeiro: Forense, 1995.

DALLARI, Adilson Abreu. *Aspectos Jurídicos da Licitação*. 7ª ed. São Paulo: Saraiva, 2006.

DI PIETRO, Maria Sylvia Zanella. *Direito Administrativo*. 24ª ed. São Paulo: Atlas, 2011.

_____. *Discricionariedade Administrativa na Constituição de 1988*. São Paulo: Atlas, 1991.

_____. 500 Anos de Direito Administrativo Brasileiro. *Revista Diálogo Jurídico*. Salvador: CAJ – Centro de Atualização Jurídica, nº 10, janeiro, 2002. Disponível na Internet: <http://www.direitopublico.com.br>.

FAZZIO JR., Waldo. *Fundamentos de Direito Administrativo*. 3ª ed. São Paulo: Editora Atlas, 2003.

FERNANDES, Jorge Ulisses Jacoby. *Sistema de Registro de Preços e Pregão Presencia e Eletrônico*. 2ª ed. Belo Horizonte: Editora Fórum, 2006.

FIGUEIREDO, Lúcia Valle. *Curso de Direito Administrativo*. 6ª ed. São Paulo: Malheiros, 2003.

GASPARINI, Diógenes. *Direito Administrativo*. 14ª ed. São Paulo: Saraiva, 2009.

JUSTEN FILHO, Marçal. *Comentários à Lei de Licitações e Contratos Administrativos*. 16ª ed. São Paulo: Dialética, 2009.

_____. *Curso de Direito Administrativo*. 5ª ed. São Paulo: Saraiva, 2009.

_____. *Pregão (Comentários à Legislação do Pregão Comum e Eletrônico)*. São Paulo: Dialética, 2008.

MEDAUAR, Odete. *Direito Administrativo Moderno*. 3ª ed. São Paulo: RT, 1999.

MEIRELLES, Hely Lopes. *Direito Administrativo Brasileiro*. 35ª ed. São Paulo: Malheiros, 2010.

MOTTA, Carlos Pinto Coelho. *Eficácia nas Licitações e Contratos*. 10ª ed. Belo Horizonte: Del Rey, 2005.

MUKAI, Toshio. *Licitações e Contratos Públicos*. 10ª ed. São Paulo: Editora Saraiva, 2008.

OLIVEIRA, Cláudio Brandão de. *Manual de Direito Administrativo*. 6ª ed. Rio de Janeiro: Impetus, 2009.

PEREIRA Junior, Jessé Torres. *Comentários à Lei das Licitações e Contratações da Administração Pública*. 6ª ed. Rio de Janeiro: Renovar, 2003.

SANTANA, Jair Eduardo. *Pregão Presencial e Eletrônico – manual de implantação, operacionalização e controle*. Belo Horizonte: Editora Fórum, 2006.

SANTOS, Adair Loredo. *Direito Administrativo*. 2ª ed. São Paulo: Premier, 2005.

SCARPINELLA, Vera. *Temas de Direito Administrativo. Licitação na Modalidade Pregão*. São Paulo: Malheiros, 2003.

SUNDFELD, Carlos Ari. *Licitação e Contrato Administrativo*. 2ª ed. São Paulo: Malheiros, 2002.

VIEIRA, Marcella Ziccardi. *Direito Administrativo*. São Paulo: Editora Juarez de Oliveira, 2004.